MARCUS TULLIUS CICERO

Über den Staat

ÜBERSETZT VON
WALTHER SONTHEIMER

PHILIPP RECLAM JUN. STUTTGART

Universal-Bibliothek Nr. 7479/80
Alle Rechte vorbehalten. Gesetzt in Petit Garamond-Antiqua
Printed in Germany 1974. Herstellung: Reclam Stuttgart
ISBN 3-15-007479-7

Dem verständnisvollen Freund
und Förderer humanistischer Bildung
Dr. h. c. Josef Eberle
in Verehrung gewidmet

Einleitung

In einem vermehrten Umfang haben die Erschütterungen der letzten Jahrzehnte den deutschen Menschen vor die Frage nach dem Sinn und Zweck, nach der Aufgabe und der Form des Staates gestellt und ihm zugleich die Anfälligkeit und Wandelbarkeit aller staatlichen Institutionen vor Augen geführt. Das Suchen nach der besten und beständigsten Staatsform hat schon immer die Staatstheoretiker wie die praktischen Staatsmänner bewegt und hat in der Antike in grundlegenden staatsphilosophischen Erörterungen seinen Niederschlag gefunden.

Platon, der große Staatsdenker, hat uns das Idealbild einer Verfassung aufgezeichnet, deren Fundament die Gerechtigkeit ist und bei der dem Staat die einzige Aufgabe zugewiesen wird, die sittliche Idee zu verwirklichen, d. h. die einzelnen Bürger zu sittlichen Persönlichkeiten zu erziehen, die ihrerseits wieder in der Lage sind, die große Masse so zu beeinflussen, daß sie ein Leben führt, das den allgemeinen Regeln der Sittlichkeit entspricht. In seinem Idealstaat sollen und können nur die wahrhaft Weisen, die Philosophen, die Herrschaft ausüben, sie sind die Wächter des Staates, die jeglichem Einfluß des Erwerbslebens entzogen sind.

Aristoteles, der Schüler Platons, hat sich gegenüber diesem Idealgebilde seines Lehrers mehr auf den Boden der empirischen Wirklichkeit gestellt. Auch für ihn hat der Staat die Aufgabe, in größtmöglichem Umfang die Entfaltung der Sittlichkeit des einzelnen Bürgers zu gewährleisten. Nicht das losgelöste Individuum kann gegenüber dem Staat Rechte beanspruchen, sondern dieses erhält innerhalb der Gemeinschaft je nach der politischen Zweckmäßigkeit seinen Platz angewiesen, allerdings unter Zuerkennung des Rechts auf ein selbständiges Eigenleben im Rahmen der staatlichen Gemein-

5

schaft. Gegenüber der organischen Staatsidee Platos ist sich Aristoteles zwar bewußt, daß der Staat als ein Ganzes zu betrachten ist, das in dem Wesen des Menschen als eines zoon politikon seine Grundlage hat, daß aber zugleich dem Umstand Rechnung getragen werden muß, daß der Staat ein Gebilde darstellt, das sich aus einer Vielheit heterogener Elemente zusammensetzt.

So sind seine in die Ebene des praktischen Lebens projizierten, auf der Empirie fußenden Feststellungen von dem Bemühen getragen, die mittlere Linie zu finden zwischen Sozialismus und Individualismus, zwischen Staatsautorität und Freiheit des Individuums, wobei er sich bewußt abwendet von dem übertriebenen Sozialismus, der in der Lebensform des platonischen Idealstaates zum Ausdruck kommt. Auch für ihn liegt die eigentliche Rechtfertigung des Staates in der Aufgabe, über der Gerechtigkeit als der Voraussetzung jeglicher Gemeinschaft zu wachen. »Die Gerechtigkeit ist an den Staat gebunden. Recht ist nichts anderes als die Ordnung der staatlichen Gemeinschaft. Das Recht aber ist es, das die Norm abgibt für das, was gerecht ist.«

Was nun die Form des Staates betrifft, so kommt Plato in seinen drei staatstheoretischen Werken zu verschiedenen Ergebnissen. Während er in seiner *Politeia* von seinem Idealstaat, an dessen Spitze die Philosophen stehen, unter ethischen Gesichtspunkten die falschen Staatsformen scheidet, zu denen er die Timokratie rechnet, in der nicht mehr das sittlich Gute, sondern die Ehre das Ziel ist, ferner die Oligarchie, bei der in der Form der Plutokratie das Geld die beherrschende Rolle spielt, weiter die Demokratie, in der die mißverstandene Freiheit sich auslebt, und endlich die Tyrannis, in der alles von der Willkür eines einzelnen abhängt, tritt in seinem *Politikos* bei der Aufzählung der wirklichen Staatsformen ein anderer Gesichtspunkt in den Vordergrund. Es ist die Frage, ob und inwieweit in einem Staate die Gesetze herrschen. Dabei ergeben sich für ihn die Formen: Königtum – Tyrannis, Aristokratie – Oligarchie und die Demokratie, die in ihrer guten und schlechten Form gleich schwächlich ist. In seinen *Nomoi* endlich hat Plato eine Mischform von Demokratie und Königtum für richtig erklärt, bei der es möglich ist, das Ziel des Staates, nämlich Freiheit, Vernunft und Liebe, zu verwirklichen.

Aristoteles setzt bei seiner Einteilung an die Stelle der Frage, ob die Gesetze herrschen, die andere nach dem Sinn und Zweck der Verfassungen und damit den Gesichtspunkt des gemeinsamen Nutzens, des Gemeinwohls, mit dem sich der der Zahl der Regierenden verbindet. Je nach der Zahl der Machthaber unterscheidet er drei gute Verfassungen, in denen eben der allgemeine Nutzen die maßgebliche Richtschnur bildet, das Königtum, die Aristokratie und die Politie, eine Form der Demokratie, in der die Gesamtheit der staatsbewußten Bürger die Geschicke des Staates bestimmt. Daneben stehen die drei schlechten Abarten: die Tyrannis, die Oligarchie und die Demokratie. Die Tyrannis ist die eigensüchtige Ausnützung der Machtstellung durch einen Despoten, Oligarchie besteht, wenn die Besitzenden und Vornehmen die Staatsgewalt ausüben, und Demokratie in dieser Abart herrscht, wenn die Besitzlosen als eine Minderheit die Staatsführung an sich gerissen haben. Für ihn haben allein einen Rechtsanspruch auf Herrschaft: Tüchtigkeit, Vermögen und Freiheit.

Polybios hat einen maßgebenden Einfluß auf das römische Staatsdenken ausgeübt. Durch ihn ist eigentlich erst im Verlauf der zweiten Hälfte des ersten vorchristlichen Jahrhunderts und in der Folge die politisch gebildete Welt des Römertums sich des Wesens ihres Staates voll bewußt geworden. Seit er im Jahre 168 mit den tausend achaiischen Geiseln nach Rom gekommen und ihm dort das Glück zuteil geworden war, in enge, freundschaftliche Beziehungen zu dem Scipionenkreis zu treten, hat in Rom das staatspolitische Denken, auf den griechischen Erkenntnissen und Grundlagen fußend, immer stärker Wurzel gefaßt. Man begann hier über den Sinn und Zweck und die inneren Voraussetzungen eines Staatswesens und insbesondere des römischen nachzudenken und zu debattieren, zumal seit der Zerstörung Karthagos im

7

Jahre 146, mit der die machtpolitische und militärische Nebenbuhlerin im Mittelmeerraum ausgeschaltet und mit den sozialen Kämpfen sowie mit dem immer stärkeren Hervortreten machtheischender Einzelpersönlichkeiten sich der Blick zwangsläufig von der Außenpolitik auf die innenpolitischen Probleme richtete. Polybios ist auf der Grundlage seiner umfassenden historischen Studien, in Anlehnung an die thukydideische Lehre von der gleichbleibenden Physis des Menschengeschlechtes und in Weiterführung der Lehre von der Entartung der Grundverfassungen, zu einer Systematisierung von deren berechenbarem Ablauf gekommen. Für ihn steht die These von der zwangsläufigen, im menschlichen Wesen begründeten Entartung der Macht im Vordergrund.

Auch er unterscheidet die drei Grundformen: Königtum, Aristokratie und Demokratie. Ihnen stehen die Entartungsformen Tyrannis, Oligarchie und Ochlokratie gegenüber. Alle diese Formen lösen sich in einem bestimmten Kreislauf ab, der natürlich mit der historischen Wirklichkeit nicht immer im Einklang steht. Mißbrauch der Macht durch das Königtum leitet zu der Tyrannis über, die durch mutige Männer beseitigt wird und damit der Aristokratie Raum gibt; aus deren Entartung ersteht die Oligarchie, die rücksichtslose egoistische Herrschaft einer Minderheit, nach deren Beseitigung das Volk selbst die Lenkung des Staates in seine Hand nimmt und die Staatsform auf demokratische Grundlagen stellt. Aber auch diese Form entartet, wenn das Volk längere Zeit im Besitz der Macht ist, und so kommt es zuletzt zu der Form der Ochlokratie, wo an Stelle von Gesetz und Recht das brutale Faustrecht gilt und der Pöbel triumphiert, bis dann wieder ein Monarch die Zügel der Regierung ergreift. Diesen Kreislauf der reinen Verfassungen und ihrer Abarten kann nur eine gemischte Verfassung aufhalten.

Das Ideal einer solchen gemischten Verfassung sieht Polybios verwirklicht in der spartanischen des Lykurg. Hier waren die drei Grundelemente: Monarchie, Aristokratie und Demokratie in einer glücklichen Mischung vereinigt. Ihr Gegenstück bildet die Verfassung der römischen Republik: die beiden Konsuln verkörpern das monarchische Prinzip, durch die Kautelen der Zweiheit und der jährlichen Ablösung gegen einseitige Auswirkung gesichert; der Senat, der Rat der Alten und der im Dienst des Staates und in der Regel durch Familientradition geschulten politischen Führer, stellt das aristokratische Element dar, und in der Volksversammlung, wo das Volk über die wichtigsten Fragen, wie Krieg und Frieden, Bündnisse und Wahl der oberen Beamtenschaft entscheidet, prägt sich die eigentliche demokratische Grundlage des römischen Staates aus. Es ist bezeichnend, daß lange Zeitspannen hindurch der Senat die tatsächliche Staatsführung in seinen Händen hielt, also die Macht politisch überlegener Persönlichkeiten stärker war als verfassungsmäßig begründete Rechte. Polybios sieht Größe und Bestand des römischen Imperiums gewährleistet durch die Wirksamkeit der gemischten Verfassung; ihr schreibt er die Tatsache zu, daß das Reich das Katastrophenjahr des Zweiten Punischen Krieges und die Niederlage von Cannae überlebt und den Krieg zuletzt siegreich beendigt hat, was mit der Einschränkung richtig ist, daß innerhalb dieses verfassungsmäßigen Rahmens es die politisch führenden Schichten und die zuchtvolle Hingabe der breiten Massen mit dem Hintergrund des unerschütterlichen Glaubens an Roms Größe und Zukunft waren, die den Staat über die Krise hinweggerettet haben.

Literarische Gestalt haben diese staatstheoretischen Probleme und Erörterungen erst durch Cicero in seiner Schrift *de re publica* erhalten. Sie ist die erste seiner philosophischen Schriften, der erste uns greifbare Niederschlag der politischen Selbstbesinnung des Römertums, geschrieben, soweit wir erkennen können, in den Jahren 54 auf 51, also in einer Zeit, da Cicero als maßgeblicher politischer Führer weitgehend ausgeschaltet war und mehr und mehr in der Beschäftigung mit philosophischen Fragen Ersatz für den schwindenden politischen Ruhm zu finden hoffte. Hier bot sich ihm die Möglichkeit, in glücklicher Weise seine politische Erfahrung mit den Ergebnissen seiner philosophischen Studien zu verbinden und auszuwerten. In der Gesprächsform ist Cicero dem Platonischen *Staat* gefolgt; auch in dem Inhalt tauchen überall platonische Gedanken, an einer Stelle eine wörtliche Übersetzung auf. Vorlagen boten ihm ferner der stoische Philosoph Panaitios und der Akademiker Karneades, der im Jahre 155 als Gesandter nach Rom kam und dort mit anderen griechischen Philosophen das Interesse für die griechische Philosophie weckte.

Ciceros Schrift war, abgesehen von dem 6. Buch, dem sogenannten *Somnium Scipionis*, lange Zeit verschollen, bis sie im Jahre 1820 von Angelo Mai in einem Palimpsest der Vatikanischen Bibliothek wieder entdeckt worden ist. Aus diesem ließ sich etwa ein Viertel des Werkes, insbesondere aus den Büchern I bis III, wieder gewinnen. Bruchstücke, die sich bei Lactantius und Augustinus finden, ermöglichen eine teilweise Ausfüllung der Lücken. Der Inhalt ist auf einer doppelten Frage aufgebaut: welches ist der beste Staat und welches der beste Bürger bzw. der beste Princeps? Dabei war es ein glücklicher Gedanke Ciceros, das Gespräch in das Jahr 129 zu verlegen, eben in die Zeit, da die sozialen Spannungen unter der Führung der beiden Gracchen zum Ausbruch kamen, die von dem jüngeren P. Scipio Africanus scharf bekämpft wurden. Ihn hat Cicero zum Hauptredner in dem Gespräch gemacht. Es findet in dessen Garten und Landhaus in der Nähe von Rom an einem Vorfrühlingstage während des Latinerfestes statt.

Die Gesprächsteilnehmer

1. P. Cornelius Scipio Aemilianus Africanus Minor (Numantinus), geb. 185 v. Chr., Sohn des L. Aemilius Paullus, des Siegers über den König Perseus von Makedonien in der Schlacht von Pydna (168 v. Chr.), von dem Sohn des P. Cornelius Scipio Africanus Maior in die Familie der Cornelier aufgenommen und adoptiert. Er zerstörte im Jahre 146 Karthago und eroberte 133 Numantia. Freund und Förderer der griechischen Kultur und Wissenschaft im römischen Bereich (Scipionenkreis). Seine besonderen Lehrer waren Polybios und der griechische Philosoph Panaitios, der ein hervorragender Vertreter der Stoa war. Scipio starb im Winter des Jahres 129 unmittelbar nach einer Senatssitzung, in der er gegen die Durchführung der gracchischen Reformen aufgetreten war, wobei der Verdacht aufkam, es seien seine eigenen Verwandten, seine Stiefmutter Cornelia und seine Gattin Sempronia, an seinem Tode nicht unschuldig.

2. C. Laelius Sapiens, engster Freund Scipios. Er ist der Wortführer in Ciceros Schrift *de amicitia*. Scipios Ratgeber in militärischen Fragen und sein Legat bei der Belagerung von Numantia. Konsul 140. Mit Scipio entschiedener Gegner der gracchischen Bewegung.

3. L. Furius Philus (oder nur Philus), Konsul des Jahres 136, bekannt durch seine Beredsamkeit und seine wissenschaftlichen Neigungen, besonders auf astronomischem Gebiet.

4. M.' Manilius, Konsul des Jahres 149. Er beginnt die militärischen Operationen gegen Karthago 149, woran sich der jüngere Scipio als Militärtribun beteiligte. Als Jurist von besonderer Bedeutung. Ein uneigennütziger, nicht vermögender Mann.

5. Spurius Mummius, Bruder des L. Mummius, des Erobe-

rers von Korinth (146); zusammen mit Scipio im Jahre 142 Censor. Der stoischen Lehre zugetan; besonders gerühmt wegen seiner Charakterfestigkeit.

Zu den jüngeren Gesprächsteilnehmern gehören:

6. Q. Aelius Tubero, Enkel des L. Aemilius Paullus, enger Freund des Laelius. Wie Scipio scharfer Gegner der Gracchen. Anhänger der Stoa. Hervorragender Jurist, aber menschlich hart und unzugänglich.

7. P. Rutilius Rufus, der jüngste der Gesprächsteilnehmer, von dem Cicero Inhalt und Gang des Gesprächs erfahren haben will. Er ist berühmt als Verfasser von Reden und als Geschichtsschreiber sowie als Mensch edelster Humanität. 105 Konsul.

8. Q. Mucius Scaevola, der berühmte Rechtsgelehrte, Lehrer des herangewachsenen Cicero. Bis in sein hohes Alter Freund einer heiteren Geselligkeit. Konsul 117.

9. C. Fannius, Schwiegersohn des Laelius. Geschichtsschreiber.

Der Übersetzung ist die Textausgabe von Konrat Ziegler, Teubner 1929, zugrunde gelegt.

Abkürzungen

Aug. civ.	– Augustinus de civitate dei
Aug. epist.	– Augustinus epistulae
Aug. c. Iul.	– Augustinus contra Iulianum
Cic. Att.	– Cicero epistulae ad Atticum
Cic. de inv.	– Cicero de inventione
Cic. fin.	– Cicero de finibus bonorum et malorum
Donat. exc. de com.	– Donatus excerpta de comoedis
Gell.	– Gellius noctes Atticae
Lact. inst.	– Lactantius divinae institutiones
Lact. epist.	– Lactantius epistulae
Lact. epit.	– Lactantius epitome
Lact. opif.	– Lactantius de opificio
Macr. in somn. Scip.	– Macrobius in somnium Scipionis
Non.	– Nonius
Sen. ep.	– Seneca epistulae morales
Tertull. apol.	– Tertullianus apologeticum ad romani imperii antistites

Erstes Buch

Der Anfang des Buches ist verloren. In ihm ist vermutlich dem Gedanken Ausdruck gegeben gewesen, daß von mancher Seite der Standpunkt vertreten werde, man solle sich lieber dem auf persönliche Wünsche abgestellten Lebensgenuß und der Beschäftigung mit den Wissenschaften hingeben, als sich der Unruhe, den Gefahren und dem Undank politischer Betätigung aussetzen, eine Lehre, die von griechischen Philosophen, besonders von der Epikureischen Schule, aufgestellt worden sei. Sie stehe aber in schärfstem Widerspruch zu römischer Auffassung und römischer Verpflichtung gegenüber dem Staat, zu der sich immer wieder hervorragende Männer Roms bekannten, die den Staat auch in tiefster Not gerettet und zum Siege über seine Feinde geführt haben...

1 (1) Was wäre aus Rom geworden, hätten nicht C. Duelius, A. Atilius, L. Metellus Rom von dem Schrecken befreit, den Karthago verbreitete, hätten nicht die beiden Scipionen den Brand des Zweiten Punischen Krieges in seinem Entstehen mit ihrem Blute erstickt, hätte ihn nicht, als er mit größeren Mitteln wieder entflammt war, Q. Maximus gelähmt oder M. Marcellus zerschlagen oder P. Africanus von den Toren dieser Stadt weggerissen und in die feindlichen Mauern getrieben? Dem M. Cato aber, einem Manne, der sich nicht auf einen berühmten Namen und auf adeliges Herkommen stützen konnte[1], wäre es gewiß möglich gewesen, sich in dem nahen Tusculum, in einer gesundheitlich zuträglichen Gegend, behaglicher Ruhe und den Freuden des Daseins hinzugeben. Er bildet ja für uns alle, die wir von den gleichen Neigungen erfüllt sind, gleichsam das Vorbild, von dem wir uns auf dem Wege leiten lassen, auf dem es

15

gilt, sich als tätige und tüchtige Männer zu bewähren. Aber dieser verrückte Mensch – wenigstens halten ihn diese Leute[2] dafür – wollte trotz des Fehlens jeglicher zwingenden Notlage hier in den stürmischen Wogen des politischen Lebens sich lieber bis ins höchste Greisenalter hin- und hertreiben lassen, als dort in ungestörter Ruhe ein überaus behagliches Leben führen.

Ich will nicht reden von den unzähligen Männern, die jeder für sich ein Segen für diesen Staat gewesen sind, und verzichte auf die weitere Erwähnung derer, die dem Gedächtnis der heutigen Zeit nahestehen; es soll sich niemand beklagen, daß er selbst oder einer aus seiner Familie übergangen worden sei. Dies eine stelle ich klar umrissen fest: dem Menschengeschlecht ist von der Natur ein solch unwiderstehlicher Drang zur Tugend und ein solch ausgeprägtes Gefühl anhänglicher Verpflichtung gegenüber dem Gemeinwohl mit auf den Weg gegeben, daß dieser bestimmende Trieb über alle Verlockungen, sich nichtstuend der Sinnenlust hinzugeben, die Oberhand gewonnen hat.

2 (2) Freilich genügt es nicht, die Tugend in Besitz zu haben wie etwa eine Kunstfertigkeit, wenn man sie nicht praktisch betätigt. Man kann zwar eine Kunstfertigkeit, ohne sie in die Praxis umzusetzen, auf der Grundlage bloßen theoretischen Könnens festhalten; die Tugend aber ist ganz auf ihre praktische Betätigung eingestellt. Diese findet sie am ausgeprägtesten in der Lenkung des Staates und in der tatsächlichen, nicht auf einen theoretischen Lehrvortrag sich beschränkenden Durchführung eben der Forderungen, über die diese Leute in ihren abgelegenen Hörsälen mit lauter Stimme dozieren.

Von den Philosophen wird ja keine These aufgestellt, soweit sie überhaupt mit einer sachlich richtigen Grundlage und einem moralischen Hintergrund vorgebracht wird, die nicht denen ihre Entstehung und ihren festen Halt verdankt, von denen den staatlichen Gemeinschaften ihre rechtsbegründenden Verfassungen gegeben worden sind. Wo liegen die Wurzeln selbstloser Hingabe, wo nimmt die Religiosität

16

ihren Ausgangspunkt? Wo das allgemein verpflichtende Völkerrecht oder eben dieses sogenannte bürgerliche Recht mit seiner staatlichen Begrenzung? Wo Gerechtigkeit, Treu und Glauben und billiges Denken gegenüber den Mitmenschen? Wo Ehrgefühl, Selbstzucht, Scheu vor Unmoral, Streben nach wahrer Anerkennung und innerer Anständigkeit? Wo das tapfere Ausharren in Mühen und Gefahren? Doch wohl bei denen, die diese Begriffe in feste Lehrsätze gekleidet und ihnen teils eine ethische Grundlage gegeben, teils in Form von Gesetzen sie verbindlich für die Allgemeinheit gemacht haben.

(3) Ja, wie man erzählt, soll Xenokrates, der in der ersten Reihe der berühmten Philosophen steht, auf die Frage nach dem schließlichen Erfolg seiner Schüler die Antwort gegeben haben: »Sie tun das aus eigenem, innerem Antrieb, was sie sonst nur unter gesetzlichem Zwang tun würden.« Also hat der Bürger, der die Gesamtheit auf Grund seiner Machtbefugnis und mit dem Mittel gesetzlich festgelegter Strafe zu einer Haltung zwingt, zu der die Philosophen nur mit Mühe eine kleine Minderheit durch ihren Lehrvortrag auf dem Wege der Überredung führen, auch vor eben jenen Lehrern den Vorrang, die über diese Fragen sich lediglich in theoretischen Erörterungen ergehen. Wo findet sich ein Lehrvortrag dieser besagten Theoretiker, der einen so erwählten Wert darstellen würde, daß er über die Wirklichkeit einer bürgerlichen Gemeinschaft zu stellen wäre, die eine auf öffentlichem Recht und ethischen Grundlagen beruhende Ordnung aufweist?

Was meine Person betrifft, so bin ich der Meinung: wie nach einem Ausspruch des Ennius

»große und weitgebietende Städte«

eine größere Bedeutung haben als kleine Dörfer und Kastelle, so, glaube ich, sind die Männer, die dank ihrer politischen Einsicht und ihres persönlichen Ansehens an der Spitze dieser Städte stehen, eben schon auf Grund ihrer Weisheit weit über die zu stellen, die sich von jeglicher politischen Betätigung fern halten. Und weil nun einmal in uns in beson-

17

derem Maße der Trieb lebendig ist, die materiellen Möglichkeiten unseres menschlichen Daseins zu verbessern, und sich damit das Bemühen verbindet, durch unseren geistigen und körperlichen Einsatz dem menschlichen Dasein eine größere Sicherheit und weitere Entfaltungsmöglichkeit zu verschaffen, und weil es eben die natürliche menschliche Veranlagung ist, die uns zu einer solchen, sinnliche Befriedigung gewährenden Betätigung anspornt und anstachelt, so wollen wir den Kurs einhalten, den schon immer gerade die besten Männer eingeschlagen haben, und wollen nicht auf die Rückzugssignale[3] hören, die die sogar zurückrufen, die schon weit vorgerückt sind.

3 (4) Diese so sicher begründeten und einleuchtenden Überlegungen stoßen bei den gegnerischen Erörterungen auf verschiedene Einwände: einmal weist man auf die mühevolle Belastung hin, die der Einsatz im politischen Leben erfordert; allerdings mißt dieser Last ein unermüdlich wacher und tätiger Mann nur geringes Gewicht bei, und man sollte ihr nicht nur in so wichtigen politischen Fragen, sondern auch bei Bestrebungen oder Verpflichtungen, die keine den Durchschnitt übersteigende Bedeutung haben, oder sogar im geschäftlichen Leben überhaupt keinen Einfluß einräumen. Zu diesem ersten Einwand fügt man weitere: man weist auf die Gefahren hin, die dem Leben drohen, und man stellt tapferen Männern das Schreckgespenst eines gemeinen Todes vor Augen, und ihnen erscheint doch gewöhnlich das Schicksal, im Greisenalter dem natürlichen Zerfall der Kräfte ausgesetzt zu werden, erbärmlicher, als Zeit und Möglichkeit zu finden, das Leben, das ja doch einmal der Natur zurückgegeben werden muß, in erster Linie für das Vaterland zu opfern. Gelangen vollends diese Gegner an den Punkt, wo sie Fälle sammeln, bei denen hochberühmte Männer ins Unglück gerieten und von ihren undankbaren Mitbürgern ungerechte Behandlung erfuhren, dann sind sie von sich überzeugt, aus beredter Fülle zu schöpfen.

(5) Da finden sich denn zuerst die bekannten Beispiele aus der griechischen Geschichte: Miltiades, der Besieger und Be-

zwinger der Perser, sei, noch vor der Genesung von seiner
Wunde, die er vorn auf der Brust bei dem herrlichsten Sieg
erlitten habe, von seinen Mitbürgern ins Gefängnis geworfen
worden, wo er sein im feindlichen Geschoßhagel gerettetes
Leben ausgehaucht habe. Sodann habe sich Themistokles, als
er aus dem von ihm befreiten Vaterland vertrieben und verjagt worden war, nicht etwa in die durch seine Tat gerette-
ten Häfen Griechenlands, sondern in die Buchten des Bar-
barenlandes, das er niedergerungen hatte, geflüchtet. Freilich
fehlt es nicht an Beispielen, die zeigen, wie leichtfertig und
grausam die Athener gegen hochgestellte Mitbürger verfahren
ren sind. Bei ihnen, so wird behauptet, seien solche Vorgänge
zuerst in Erscheinung getreten, seien dann häufiger geworden und hätten zuletzt in großer Menge auch auf unseren
Staat übergegriffen, dem doch eine ernste, würdevolle Haltung eigen ist.

(6) Da weist man auf die Verbannung des Camillus hin
oder auf die Mißstimmung gegen Ahala oder auf die Erbit-
terung gegen Nasica oder auf die Vertreibung des Laenas
oder die Verurteilung des Opimius oder auf die freiwillige
Verbannung des Metellus oder auf das so bittere Unglück
des Marius, auf die Ermordung führender Staatsmänner oder
endlich auf das Verderben all der vielen, das sich bald an
dieses Geschehen anschloß. Aber bereits machen sie auch nicht
vor meinem Namen halt. Nur bekommt, wie ich glaube, das
Klagelied, das sie über mich anstimmen, deshalb einen ern-
steren und zugleich liebenswürdigeren Klang, weil sie überzeugt sind, daß es meine politische Klugheit und mein
wagemutiger Einsatz[4] war, der ihnen jenes behagliche Dasein verbürgt habe ...

4 (7) Aber es dürfte mir nicht leicht fallen, zu erklären,
wieso sie zwar, um zu lernen und zu schauen, über die Meere
fahren und freiwillig die Strapazen der Reise in die Fremde
auf sich nehmen, aber über das Ungemach meiner Entfernung aus dem Vaterlande ein Klagelied anstimmen. Und
wenn ich noch so lange die Heimat entbehren müßte, so
würde ich doch gegen dieses Erleben, als ich beim Scheiden

19

aus dem Konsulat in der Volksversammlung schwor, wobei das römische Volk den gleichen Schwur leistete, daß der Staat durch mich gerettet sei, ohne weiteres allen Kummer und alle Last der erlittenen Ungerechtigkeiten aufrechnen[5]. Was indessen meine Lebensschicksale anbelangt, so haben sie mehr Ehre als Mühe mit sich gebracht[6]; das Maß an Beschwernis reichte nicht heran an die Höhe meines Ruhmes, und größer war die Freude, die ich aus der Tatsache schöpfte, daß ich von den staatstreuen Elementen vermißt wurde, als der Schmerz, der mir aus der Schadenfreude der Staatsfeinde erwuchs. Doch – wäre es, wie ich gesagt habe, anders gegangen, wie hätte ich mich beklagen können? Nichts kam mir unvorhergesehen, kein Schlag traf mich härter, als ich erwartet hatte; alles stand im richtigen Verhältnis zu meinen großen politischen Leistungen. Eine solche Haltung hatte ich mir bewahrt: zwar hätte sich mir die Möglichkeit geboten, aus meiner Mußezeit wertvolleren Gewinn zu schöpfen als andere, und zwar wegen der angenehmen Vielseitigkeit meiner wissenschaftlichen Studien, die mich von Jugend auf mein ganzes Leben begleitet haben; oder angenommen den Fall, ein schlimmeres Unheil wäre nicht über mich als Einzelperson, sondern über die Gesamtheit hereingebrochen, so hätte ich meine Lebensverhältnisse so gestalten können, daß sie sich nicht von der allgemeinen Lage abhoben, sondern sich mit der aller übrigen deckten. Trotzdem habe ich kein Bedenken getragen, mein Lebensschiff den schwersten Unwettern und geradezu unmittelbar den Blitzen auszusetzen, nur um die Existenz meiner Mitbürger zu sichern und allen übrigen durch meinen persönlichen Einsatz in Gefahren gemeinsam ein Leben in Ruhe und Frieden zu verschaffen.

(8) Nicht hat uns ja das Vaterland unter der Voraussetzung erzeugt oder erzogen, daß es von uns keine Gegenleistung, gleichsam in der Form eines Ammenlohnes, erwarten und lediglich im Dienste unserer Interessen uns die Möglichkeit verschaffen würde, in die Sicherheit eines ungestörten Daseins uns zu flüchten, in einen stillen Winkel, wo wir der Ruhe pflegen können. Nein, nicht dazu, sondern um die

meisten und wesentlichsten Bezirke unserer seelischen und geistigen Existenz und unseres praktischen Denkens für sich zu seinem eigenen Nutzen zu beschlagnahmen und uns nur so viel zu unserem privaten Gebrauch zu lassen, als es seinerseits zu entbehren vermag.

5 (9) Und nun! Die bekannten Ausflüchte, die sie zu ihrer Entschuldigung vorbringen, um desto ungestörter ihre Muße auszukosten, braucht man am allerwenigsten anzuhören: wenn sie die Behauptung aufstellen, zu politischer Betätigung lassen sich in der Regel nur solche Leute herbei, die keiner sonstigen anständigen Beschäftigung wert sind. Ihnen gegenübergestellt zu werden, sei schon eine häßliche Sache, mit ihnen sich aber herumzuschlagen, zumal wenn sie die Leidenschaften einer Volksmasse aufgepeitscht haben, sei eine ebenso erbärmliche wie gefährliche Angelegenheit. Daher sei es nicht die Aufgabe eines weisen Mannes, die Zügel in die Hand zu nehmen, wo er doch nicht die unsinnigen, ungezügelten Ausbrüche der Volksseele einzudämmen vermöge; es sei aber auch nicht die Aufgabe eines freien Mannes, im Ringen mit moralisch unsauberen, ungebildeten Gegnern sich einem Hagel von Schimpfworten auszusetzen oder geduldig abzuwarten, bis ihm Beleidigungen zugefügt werden, die ein Weiser nicht zu ertragen brauche. Gerade so, wie wenn für Männer, die eine anständige Gesinnung und einen starken Charakter haben und Seelengröße besitzen, sich irgendein berechtigterer Anlaß fände, dem Staatsdienst sich zu widmen, als die Ablehnung eines Zustandes, bei dem sie minderwertigen Elementen gehorchen und bei dem sie zusehen, wie eben diese Elemente wie Geier über den Staat herfallen, während sie selbst bei dem besten Willen keine Hilfe bringen können.

6 (10) Wer aber kann endlich dem Einwand seine Billigung geben, wenn sie behaupten, kein Weiser werde sich in irgendeinem Bereich der Staatsgeschäfte betätigen, es sei denn die äußeren Umstände und eine Zwangslage lassen ihm keine Wahl? Als ob wahrhaftig sich für irgend jemand eine klarer ausgesprochene Zwangslage ergeben könnte, als sie

21

sich für mich ergeben hat. Was hätte ich in diesem Notstand ausrichten können, wenn ich nicht damals Konsul gewesen wäre? Wie aber hätte ich Konsul sein können, wenn ich nicht schon vom Knabenalter an die Richtung und den Weg eingehalten hätte, auf dem ich, dem Ritterstande entstammt, zu der höchsten Ehrenstelle aufsteigen sollte? Man hat also nicht die freie Möglichkeit, wenn die Zeitverhältnisse entsprechend sind oder wenn es einem gerade paßt, dem Staat seine Hilfe zur Verfügung zu stellen, mag er sich in noch so bedrückter, gefährlicher Lage befinden, es sei denn, du stehst schon an der Stelle, wo du auch wirklich die Möglichkeit zu dieser Hilfe hast.

(11) Das erscheint mir in der Regel bei dem Vortrag der Gelehrten ganz besonders seltsam: sie erklären, sie seien nicht imstande, bei ruhiger See das Steuer eines Schiffes zu führen, und geben als Begründung an, sie hätten dies nicht gelernt und sich auch nie darum gekümmert, es zu verstehen. Die gleichen Leute aber verkündigen laut, sie würden das Steuerruder in die Hand nehmen, wenn die See am stürmischsten woge. Diese Leute sprechen es ja gewöhnlich in aller Öffentlichkeit aus – ja sie tun sich sogar darauf noch etwas zugute –, sie hätten hinsichtlich der Grundsätze, deren Beachtung eine Staatsgründung oder Staatserhaltung erfordere, nichts gelernt und würden auch nie den Lehrmeister spielen, vielmehr vertreten sie dabei die Anschauung, ein solches Sachwissen dürfe man nicht gelehrten und weisen Theoretikern zubilligen, sondern nur solchen Männern, die in diesem Fach sich praktisch betätigt haben. Wie reimt es sich also zusammen, daß sie ihre Mitwirkung dem Staat erst dann in Aussicht stellen, wenn eine Notlage vorliegt, die sie einfach nicht anders handeln läßt? Wo sie doch in einer weit weniger schiefen Situation, ohne unter dem Druck einer solchen Notlage zu stehen, den Staat nicht zu lenken verstehen. Gesetzt den Fall, es wäre in Ordnung, daß der Weise aus freien Stücken in der Regel nicht in das Getriebe der Politik heruntersteigt, wenn ihn aber die Zeitverhältnisse dazu zwingen, dann diese Aufgabe schließlich auch nicht

zurückweist, so würde ich für meine Person doch des Glaubens sein, daß der Weise diese staatspolitische Kenntnis durchaus nicht vernachlässigen darf. Es muß ja doch all das vorher von ihm bereitgestellt werden, von dem er nicht weiß, ob er es nicht doch einmal dringend braucht.

7 (12) Hierüber habe ich mich deshalb ausführlicher verbreitet, weil ich mir die Aufgabe vorgenommen und mich ihr unterzogen habe, in diesen Büchern eine Erörterung »Über den Staat« zu geben. Wollte ich vermeiden, daß diese Erörterung ergebnislos verlaufe, mußte ich zuerst das Bedenken aus dem Wege räumen, das der politischen Betätigung im Wege steht. Sollte dennoch der eine oder andere durch das Ansehen der Philosophen sich beeindrucken lassen, so möge er eine Weile geflissentlich auf die hören, die bei den gelehrtesten Männern größte Autorität genießen und höchsten Ruhm. Wenn diese auch im politischen Leben keine führende Rolle gespielt haben, so glaube ich doch, daß sie irgendeine Aufgabe im Staat erfüllt haben, weil sie ja über den Staat vielseitige Untersuchungen angestellt und viel geschrieben haben. Vollends die sieben Männer, die die Griechen die Weisen genannt haben, sind, soviel ich sehe, sämtlich mitten im politischen Leben gestanden. Es gibt ja kein Gebiet, auf dem die menschliche Tugend dem göttlichen Walten näher kommt, als wenn es gilt, neue Staatswesen zu gründen oder das Bestehen bereits gegründeter zu sichern.

8 (13) Da ich ja das Glück gehabt habe, in einer Person als Staatsmann eine denkwürdige Leistung vollbracht und zugleich bei staatstheoretischen Darlegungen sowohl auf Grund meiner praktischen Tätigkeit wie meiner Lern- und Lehrbetätigung eine gewisse Befähigung unter Beweis gestellt zu haben, so kann ich auch maßgeblich meine Stimme erheben. Meine Vorgänger haben sich ja zum Teil bei ihren wissenschaftlichen Erörterungen einer höchst geschliffenen Form bedient, sie konnten aber nicht mit wirklichen praktischen Erfolgen aufwarten, zum Teil verdienen sie zwar in ihrer praktischen Tätigkeit Anerkennung, erweisen sich aber in der theoretischen Erörterung als Stümper. Und es ist wahr-

23

lich nicht meine Aufgabe, eine neue Staatstheorie, die ich erst erfinden müßte, aufzustellen, sondern man braucht nur die Erörterung der berühmtesten und weisesten Männer unseres Staates, die alle nur einer einzigen Generation angehören, sich wieder ins Gedächtnis zu rufen, eine Erörterung, die einstmals mir und dir – du warst damals noch ein ganz junger Mensch[7] – von P. Rutilius Rufus, gelegentlich eines gemeinsamen mehrtägigen Aufenthaltes in Smyrna, dargelegt worden ist. In ihr ist, wie ich glaube, nichts Grundsätzliches übergangen, das maßgeblich zu dem Gesamtbereich der Politik gehören könnte.

9 (14) Als nämlich der jüngere P. Africanus, der Sohn des Paullus, am Latinerfest unter dem Konsulat des Tuditanus und Aquilius beschloß, die Festtage in seinen Gärten zu verbringen, und seine nächsten Freunde zusagten, sich zahlreich in diesen Tagen bei ihm einzufinden, da kam gerade an dem Hauptfesttag in der Frühe als erster Gast sein Schwestersohn Q. Tubero zu ihm. Ihn begrüßte Scipio herzlich und drückte ihm seine Freude über sein Kommen aus. Darauf entspann sich folgendes Gespräch:

Scipio: Du schon so früh, mein Tubero? Es gaben dir doch die jetzigen Feiertage reichlich Gelegenheit, deine wissenschaftlichen Bücher zu wälzen.

Tubero: Ich habe immer freie Zeit, um mich meinen Büchern zu widmen. Sie sind ja nie der Benützung entzogen. Dich aber unbeschäftigt anzutreffen, ist ein ganz großer Glücksfall, zumal in diesen unruhigen politischen Zeiten[8].

Scipio: Und doch hast du mich unbeschäftigt angetroffen. Aber, wahrhaftig, dieser Zustand bezieht sich mehr auf körperliche als auf geistige Betätigung.

Tubero: Ja, wirklich! Auch deinen Geist mußt du ausspannen. Wie wir verabredet haben, sind wir in großer Zahl bereit, mit dir zusammen diese beschäftigungslose Zeit recht auszunützen, wenn es dir nicht ungelegen kommt.

Scipio: Ganz nach meinem Wunsch! Werden wir doch endlich einmal wieder etwas an unsere wissenschaftlichen Studien erinnert.

10 (15) *Tubero:* Willst du also, mein Africanus, da du gewissermaßen mich dazu einlädst und zugleich deine Beteiligung in Aussicht stellst, daß wir, ehe andere Gäste kommen, uns die Frage betrachten, was es denn für eine Bewandtnis mit dieser Nebensonne[9] hat, worüber im Senat Meldung erstattet worden ist[10]? Es sind ja nicht wenige und auch nicht leichtfertige Zeugen, die behaupten, zwei Sonnen gesehen zu haben. Daher muß man ihnen Glauben schenken, aber ebensogut auch nach einer wissenschaftlichen Erklärung suchen.

Scipio: Ach! Hätten wir doch unseren Panaetius bei uns! Er pflegt sich ja auf allen sonstigen Gebieten als Forscher zu betätigen, aber besonders eifrig auf dem Gebiet dieser Himmelserscheinungen. Aber ich, mein Tubero – ich spreche dir gegenüber offen meine Ansicht aus –, gehe auf diesem ganzen Wissenschaftsgebiet mit unserem lieben Freunde nicht allzuweit einig. Er spricht sich ja über Dinge, deren wirkliche Beschaffenheit wir kaum mutmaßend erahnen können, so bestimmt aus, daß man meinen könnte, er sehe sie leibhaftig oder greife sie geradezu mit Händen. Um so größere Weisheit spreche ich gewöhnlich dem Sokrates zu, der sich von jeglicher Beschäftigung mit solchen Fragen losgesagt und erklärt hat, die naturwissenschaftlichen Probleme liegen entweder außerhalb der Reichweite des menschlichen Verstandes oder haben überhaupt keine Beziehung zu den Fragen des menschlichen Lebens.

(16) *Tubero:* Ich weiß nicht, Africanus, warum Sokrates in der Überlieferung als der erscheint, der diese Erörterung ganz verworfen und seine Untersuchungen in der Regel auf Fragen der praktischen Lebensführung und der Ethik beschränkt habe. Können wir über ihn einen Gewährsmann anführen, der eine gewichtigere Stimme hätte als Platon? In dessen Büchern spricht Sokrates an vielen Stellen so, daß er auch bei der Erörterung von Fragen der Ethik, der Tugendlehre, schließlich auch des Staates sich doch bemüht, in der Weise des Pythagoras Arithmetik, Geometrie, Musiklehre einzuflechten.

Scipio: So ist es, wie du sagst. Aber, mein Tubero, wie ich glaube, hast du gehört, daß Plato, um zu lernen, nach dem Tode des Sokrates zuerst nach Ägypten, dann nach Italien und nach Sizilien gereist ist, um die wissenschaftlichen Entdeckungen des Pythagoras gründlich kennenzulernen, daß er viel mit dem Tarentiner Archytas und dem Lokrer Timaeus zusammengewesen ist, sich die wissenschaftlichen Arbeiten des Philolaus verschafft hat und daß er sich, weil damals an diesen Plätzen der Name des Pythagoras hoch im Kurs stand, den Pythagoreern persönlich wie auch ihren wissenschaftlichen Studien gewidmet hat. So hat er denn trotz seiner einzigartigen Zuneigung zu Sokrates und trotz seiner Bereitschaft, dessen Persönlichkeit alles zuzuschreiben, die geschliffene Feinheit Sokratischer Gesprächsführung mit der Hintergründigkeit eines Pythagoras und mit dem jenem eigenen Schwergewicht vielseitigster wissenschaftlicher Bildung verwoben.

11 (17) Als Scipio dies ausgeführt hatte, sah er plötzlich den Lucius Furius kommen. Er begrüßte ihn, drückte ihm herzlich die Hand und ließ ihn auf seinem Ruhebett Platz nehmen. Zugleich kam auch P. Rutilius. Er ist ja mein Gewährsmann für das vorliegende Gespräch. Auch ihm entbot er seinen Gruß und wies ihm den Platz neben Tubero an. – Das Gespräch nahm seinen Fortgang:

Furius: Was treibt ihr? Habe ich etwa mit meinem Kommen eure Unterhaltung über irgendein Thema gestört?

Scipio: Durchaus nicht! Du richtest ja gewöhnlich deine ernsthaften Untersuchungen auf die Fragen, die zu dem von Tubero eben angeschnittenen Forschungsgebiet gehören. Unser Rutilius pflegte sogar unmittelbar unter den Mauern von Numantia bisweilen eine solche wissenschaftliche Untersuchung mit mir anzustellen.

Philus: Auf welches Thema war denn eigentlich das Gespräch verfallen?

Scipio: Auf diese Doppelsonne. Über diese Frage, Philus, möchte ich von dir deine Ansicht hören.

12 (18) Kaum hatte er dies gesagt, da meldete dem Scipio

ein Bursche des Laelius, sein Herr komme zu ihm und habe
bereits das Haus verlassen. Scipio zog Schuhe und Ober-
gewand an, trat aus dem Gemach und ging eine kurze Weile
in der Säulenhalle[11] auf und ab, bis Laelius erschien. Er begrüßte ihn sowie die anderen, die mit ihm zusammen gekommen waren, Spurius Mummius, den er besonders in sein
Herz geschlossen hatte, C. Fannius und Q. Scaevola, die
Schwiegersöhne des Laelius, gelehrte junge Leute, die schon
im Quaestorenalter[12] standen. Als er alle begrüßt hatte,
wandte er sich in der Säulenhalle so um, daß er den Laelius
in die Mitte nahm[13]. Es bestand nämlich in ihrem Freund-
schaftsverhältnis eine Regelung, die gewissermaßen eine
rechtlich bindende Abmachung darstellte, wonach im Felde
wegen seines hervorragenden Kriegsruhmes Laelius den Africanus wie einen Gott verehrte, im Frieden dagegen Scipio
dem Laelius, als dem Älteren, wie wenn er sein Vater wäre,
Ehrerbietung erwies. Sie gingen ein paarmal miteinander
auf und ab, wobei sie sich nur ganz wenig unterhielten und
Scipio zum Ausdruck brachte, wie überaus angenehm und
willkommen ihm ihr Besuch sei. Dann kam man überein, an
dem sonnigsten Platz einer kleinen Wiese – es war noch
Winterszeit – sich niederzulassen. Eben als sie dies tun wollten, erschien noch M.' Manilius, ein lebenskluger Mann, der
ihnen allen ein angenehmer, geschätzter Gesellschafter war.
Er wurde von Scipio und seinen Gästen aufs herzlichste begrüßt und setzte sich unmittelbar neben Laelius.

13 (19) *Philus:* Ich habe nicht den Eindruck, daß uns das
Erscheinen der Gäste veranlassen sollte, ein anderes Gesprächsthema zu wählen, sondern wir müssen lediglich bei
unseren Verhandlungen größere Sorgfalt walten lassen, und,
was wir sagen, muß ihren Ohren angemessen sein.

Laelius: Was für ein Thema beschäftigte euch eigentlich
soeben?

Philus: Scipio hatte mich gefragt, was ich zu der Feststel-
lung meine, daß eine Doppelsonne sich gezeigt hat.

Laelius: Meinst du das im Ernst? Haben wir denn schon
die Dinge gründlich erforscht, die in den Bereich unseres

27

Hauswesens und des Staates gehören, sofern wir uns mit der Frage beschäftigen, was am Himmel vor sich geht?

Philus: Glaubst du etwa, daß es nicht zu unseren häuslichen Verpflichtungen gehöre, darüber im Bilde zu sein, was dort getrieben wird und vor sich geht? Unser Haus ist doch nicht auf den Bezirk beschränkt, den unsere vier Wände einschließen, sondern unser Haus ist diese ganze Welt, die uns die Götter gegeben haben, daß sie uns gemeinsam mit ihnen als Wohnstätte und Heimat diene, zumal da uns doch vieles Wichtige unbekannt bleiben muß, wenn wir dies nicht kennen[14]. Ich wenigstens, wie wahrhaftig auch du selbst, mein Laelius, sowie alle Jünger der Weisheit, haben ihre Freude eben an der Naturerkenntnis und Naturbetrachtung.

(20) *Laelius:* Ich erhebe keinen Einwand, zumal da wir ja gerade Feiertage haben. Doch, können wir noch etwas hören oder sind wir zu spät gekommen?

Philus: Bis jetzt haben wir noch keinen einzigen Punkt besprochen. Und weil das Thema noch unberührt ist, bin ich, Laelius, für meine Person gerne bereit, dir die Erörterung darüber zu überlassen.

Laelius: Nein! Dich wollen wir hören! Es sei denn, daß Manilius glaubt, man müsse zwischen den beiden Sonnen eine richterliche Entscheidung treffen, die bestimmt, daß sie beide den Himmelsraum so einnehmen, wie ihn jede für sich eingenommen hat.

Manilius: Hörst du nicht auf, Laelius, dich über die Wissenschaft lustig zu machen, die du erstens selbst in hervorragender Weise vertrittst, und sodann, ohne die niemand wissen kann, was sein oder eines anderen Eigentum ist. Doch darüber gleich nachher! Jetzt wollen wir den Philus hören! Wie ich sehe, wird er bereits über wichtigere Fragen als ich oder P. Mucius befragt.

(21) *Philus:* Ich werde euch nichts Neues bringen, auch nichts von mir Erdachtes oder Gefundenes. Es ist mir noch gut erinnerlich. Man sprach einmal von eben dieser Erscheinung, als gerade C. Sulpicius Gallus, wie ihr wißt, ein hochgelehrter Mann, bei seinem ehemaligen Mitkonsul M. Mar-

cellus war. Da ließ Gallus eine Sphäre, die der Großvater
des M. Marcellus nach der Eroberung von Syrakus aus der
überaus reichen und herrlich ausgestatteten Stadt als einziges
Stück der riesigen Beute mit nach Hause gebracht hatte, her-
beibringen. Sehr oft hatte ich von dieser Sphäre, die mit dem
ruhmvollen Namen des Archimedes verknüpft war, gehört.
Als sie mir nun unmittelbar zu Gesicht kam, bewunderte ich
sie nicht entsprechend. Denn die andere war hübscher und
stand bei der Öffentlichkeit in höherem Ansehen, die, ebenfalls ein Kunstwerk des Archimedes, der gleiche Marcellus
im Tempel der Virtus aufgestellt hatte.

(22) Aber als Gallus begann, überaus sachverständig das
Prinzip dieses Werkes auseinanderzusetzen, da ging mein
Urteil dahin, daß dieser Sikuler über ein Maß von Verstand
verfügte, das die der menschlichen Natur gesetzten Grenzen
zu überschreiten schien. Gallus nämlich sagte, die Erfindung
dieser zweiten massiven und vollen Sphäre sei eine alte
Sache; sie sei zum erstenmal von Thales aus Milet gedrech-
selt worden, später aber sei sie von Eudoxos aus Knidos, nach
seinen Angaben einem Schüler Platos, die gleiche Sphäre mit
den am Himmel hängenden Sternen ausgestattet worden.
Deren ganze Ausstattung und Sternengruppierung habe viele
Jahre später Arat von Eudoxos übernommen und nicht auf
wissenschaftlich-astronomischer Grundlage, sondern mit einer
geradezu dichterischen Befähigung in Versform verherrlicht.
Aber diese Art von Sphäre, an der sich die Bewegungen der
Sonne und des Mondes verfolgen lassen und auch die der
fünf Sterne[15], die man ›die Umherirrenden‹ und gleichsam
›die Schweifenden‹ nenne, habe man an der massiven Sphäre
nicht anbringen können. In diesem Punkte verdiene die Erfindung des Archimedes Bewunderung, weil er es sich ausge-
dacht habe, wie die eine und dieselbe Umdrehung trotz der
ganz ungleichen Bewegungen die so verschiedenen und man-
nigfaltigen Bahnen festhält. Als Gallus diese Sphäre in Bewegung setzte, geschah es, daß der Mond der Sonne auf dem
metallenen Apparat um ebensoviel Umdrehungen hinten-
dreinkam, als um Tage am richtigen Himmel, und daraus

29

ergab sich wieder, daß wie am Himmel so auf der Sphäre sich die gleiche Sonnenfinsternis bildete und der Mond in den Schattenkegel der Erde fiel...[16]

15 (23) *Scipio:* ... weil ich selbst den Mann (C. Sulpicius Gallus) in mein Herz geschlossen hatte und mir bekannt war, daß er besonders bei meinem Vater Paullus einen Stein im Brett hatte und dieser ihn gern hatte. Ich erinnere mich gut – ich war damals noch ein ganz junger Mensch –; mein Vater war in Makedonien als Konsul, und ich selbst befand mich im Feldlager. Da geriet unser Heer in eine abergläubische Furcht und Verwirrung, weil nachts bei wolkenlosem Himmel der helleuchtende Vollmond sich plötzlich verfinstert hatte. Sulpicius Gallus war damals, ein Jahr vor seiner Ernennung zum Konsul, unser Legat. Unbedenklich klärte er am folgenden Tage offen im Lager darüber auf, daß es sich um kein Wunderzeichen handle. Diese Erscheinung sei in dem jetzigen Zeitpunkt eingetreten und werde in bestimmten Zeitabschnitten immer wieder eintreten, wenn die Sonne eine solche Stellung eingenommen habe, daß sie den Mond mit ihrem eigenen Licht nicht mehr erreichen könne.

Tubero: Meinst du denn wirklich? Konnte er dies Leuten begreiflich machen, die so ziemlich ungebildet waren? Und wagte er dies zu sagen vor Nichtfachleuten?

Scipio: Gewiß! Und zwar war er dabei recht zuversichtlich...

(24) Er trat auch nicht mit einer überheblichen Geste auf, auch nicht mit einer Ausdrucksweise, die im Widerspruch zu seiner achtunggebietenden Persönlichkeit gestanden wäre. Er hat einen bedeutsamen Erfolg erzielt, weil er aus den Herzen verstörter Menschen grundlosen, angstvollen Aberglauben verbannt hatte.

16 (25) Und etwas Ähnliches soll sich auch in dem großen Krieg, den die Athener und Lacedämonier mit höchstem Kraftaufwand miteinander führten, zugetragen haben. Da soll Perikles, der erste Mann im Staate hinsichtlich seines Ansehens wie seiner Beredsamkeit und seiner politischen Klugheit, als sich die Sonne verfinsterte, plötzlich Dunkel-

30

heit eintrat und die Athener von größter Angst ergriffen wurden, seine Mitbürger belehrt haben – er hatte dies persönlich von Anaxagoras als dessen Hörer vernommen –, es stelle sich diese Erscheinung zwangsläufig in bestimmten Zeitabschnitten ein, wenn sich der ganze Mond unmittelbar vor die Sonnenscheibe geschoben habe. Wenn dies auch nicht bei jedem Mondwechsel eintrete, so sei diese Erscheinung doch auf die Zeit des Mondwechsels beschränkt. Als er dies dem Volk auseinandergesetzt und es mit einleuchtender Begründung belehrt hatte, nahm er ihm alle Angst. Die Lehre, eine Sonnenfinsternis entstehe in der Regel dadurch, daß sich der Mond zwischen Erde und Sonne stelle – Thales von Milet soll dies zuerst gesehen haben –, war ja damals noch neu und unbekannt. Später war dies auch für unseren Ennius keine unbekannte Erscheinung. Schreibt er doch: etwa 350 Jahre nach der Gründung Roms »an des Juni[17] Nonen, da trat der Mond vor die Sonne, und Nacht ward's«. Und dabei macht sich eine so ausgeklügelte Berechnungskunst geltend, daß ausgehend von diesem Tage, den wir bei Ennius und in den »Großen Annalen«[18] verzeichnet finden, die früheren Sonnenfinsternisse bis zu der an den Nonen des Juli unter der Regierung des Romulus eingetretenen errechnet worden sind. In deren Dunkel hat Romulus zwar entsprechend den menschlichen Bedingtheiten ein natürliches Ende gefunden, seine Tugend aber soll ihn in den Himmel erhoben haben.

17 (26) *Tubero:* Siehst du, Africanus, was dir noch eben anders vorkam, ...[19]

Scipio: Was wird ferner jemand für herrlich in den menschlichen Bereichen halten, wenn er in diese göttlichen Reiche Einblick gewonnen hat, oder für dauernd, wenn er erkannt hat, was ewig ist, oder für rühmenswert, wenn er gesehen hat, wie klein die Erde ist, zuerst in ihrem gesamten Umfang, sodann in dem von den Menschen bewohnten Teil, und an einen wie ärmlichen Ausschnitt aus ihr wir gebannt sind, wir, die wir den meisten Völkern ganz unbekannt sind und doch erwarten, daß unser Name am weitesten durch die Welt fliege und sich verbreite?

(27) Wer aber Ackerfluren und Gehöfte und Viehherden und eine unermeßliche Menge Silber und Gold weder für Güter zu halten noch als solche zu benennen pflegt, weil ihm der Genuß von solchem Besitztum nichts besagt, weil ihm der Gebrauchswert armselig, die unbeschränkte Verfügungsmöglichkeit unsicher erscheint, ja oft sogar die moralisch verkommensten Existenzen sich dieses Besitztums in unbeschränktem Umfang zu erfreuen scheinen, wie mit Glücksgütern gesegnet muß man einen solchen Menschen halten! Ihm allein steht es in Wirklichkeit frei, alles nicht nach dem Quiritenrecht[20], sondern nach dem Recht der Weisen als sein persönliches Eigentum in Anspruch zu nehmen, und zwar nicht auf der Grundlage einer bürgerlichen Schuldverpflichtung, die ihm gegenüber bestünde, sondern auf der Grundlage des allen gleichermaßen zustehenden Naturgesetzes, das verbietet, daß irgendein Gegenstand irgend jemands Eigentum sei außer dessen, der mit ihm umzugehen und ihn zu benützen versteht. Ein solcher Mensch rechnet unsere militärischen Kommandostellen und unsere Konsulatswürden nicht zu den unbedingt erforderlichen, ja nicht zu den erstrebenswerten Dingen, sondern vertritt die Auffassung, man müsse diese Last auf sich nehmen lediglich, um eine Verpflichtung zu erfüllen, nicht um auf diesem Wege Belohnung oder Ruhm zu erstreben. Er endlich kann – ein Ausspruch, den, wie Cato schreibt, mein Großvater gerne gebraucht hat – auch von seiner Person rühmlich sagen: »Nie bin ich mehr beschäftigt, als wenn ich nichts tue; nie bin ich weniger allein, als wenn ich allein bin.«

(28) Denn wer kann in Wirklichkeit die Behauptung vertreten, daß Dionys damals, als er alles aufbot, um seinen Mitbürgern die Freiheit zu entreißen, mehr geleistet habe als sein Untertan Archimedes durch die Herstellung gerade der eben besprochenen Sphäre, wobei er doch den Anschein erweckte, als ob er nichts leiste? Wer muß aber nicht eher die für einsam halten, die auf dem Forum und in dem Gewühl der Menge niemand haben, mit dem sie sich aussprechen mögen, als die, die ohne irgendeinen Zeugen mit sich selbst

32

Zwiesprache halten oder gleichsam in einer Versammlung von hochgelehrten Männern sich befinden, deren Erfindungen und Schriften ihnen innere Freude bereiten? Wer vollends wird irgend jemand für reicher halten als den, der ganz Genüge findet an dem, was das natürliche Bedürfnis fordert, oder für mächtiger als den, der alle seine Wünsche erreicht, oder für glücklicher als den, der sich von jeder Störung seines Gemütslebens befreit hat, oder für gesicherter in seiner Lebensstellung als den, der nur das besitzt, was er – wie es im Sprichwort heißt – sogar aus einem Schiffbruch zu retten vermag? Welche militärische Führerstellung aber, welches zivile Amt, welcher Königsthron kann höher eingeschätzt werden, als wenn man alle menschlichen Dinge verachtet, sie als tief unter der Weisheit liegend ansieht und sich in seinem Denken nie mit etwas anderem als mit dem Ewigen und Göttlichen beschäftigt? Dieser Mann wird die Erkenntnis in sich tragen, daß alle anderen Menschen zwar diesen Namen führen, daß aber wirkliche Menschen nur die sind, die sich auf Grund der ihnen als Menschen eigenen Fähigkeiten zu einer feineren Form entwickelt haben.

(29) So scheint mir der Ausspruch Platos – vielleicht stammt er auch von jemand anderem – sehr fein zu sein: als ihn von der hohen See ein Sturm in unbekanntes Land und an ein verlassenes Gestade verschlug, da fürchteten sich, wie man erzählt, alle übrigen, weil sie die Gegend nicht kannten; da habe er einige geometrische Figuren bemerkt, die in den Sand geschrieben waren; er habe sie sich angesehen und ausgerufen: »Seid guten Mutes! Ich sehe Spuren von Menschen.« Freilich deutete er diese menschlichen Spuren nicht etwa aus einer unbesäten Ackerflur, die er vor sich ausgebreitet sah, sondern aus den Kennzeichen wissenschaftlicher Bildung. Daher habe ich auch, mein Tubero, immer an Wissenschaft, an gebildeten Menschen und an diesen deinen Studien Gefallen gefunden.

18 (30) *Laelius:* Auf diese deine Ausführungen, Scipio, wage ich nichts zu sagen und nicht so sehr dich und den Philus und Manilius ⟨*maße ich mir an zu tadeln, denen die Er-*

33

*örterung solcher Fragen zusteht; aber unser junger Freund
Tubero scheint mir doch sich an Probleme zu wagen, die im
Verhältnis zu seiner Jugend zu hochstehend sind, und so
hätte er zum Ausgangspunkt nicht gerade die Erörterung
des Problems der Doppelsonne machen, sondern sich an seinen Vorfahren Aelius Sextus halten sollen).*

Scipio: ... Väterlicherseits stammt dieser unser Freund
von ihm ab und er verdient wohl, von diesem (Tubero)
nachgeahmt zu werden:

»ein hervorragend verständiger Mensch und klug war
Aelius Sextus«,

ja ein »hervorragend verständiger Mensch« ist er gewesen
und so von Ennius[21] bezeichnet worden, nicht weil er Pro-
blemen nachging, die er doch nie lösen konnte, sondern weil
er Rechtsgutachten erstattete, die die Ratsuchenden von
Sorge und Mühe befreiten. Wenn er in einer Erörterung
gegen die Studien des Gallus Stellung nahm, dann zitierte
er immer den Achilles aus der Iphigenie:

»Was der Astrologen Zeichen an Iuppiters Himmel bedeuten, beschaut er, wenn die Ziege oder der Krebs oder
sonst eines Tieres Name erscheint. Was vor den Füßen liegt,
schaut niemand; nur des Himmels Räume durchforscht
man.«

Und er erklärte auch – ich hörte ihn ja viel und gerne –,
jener Zethus bei Pacuvius sei der Wissenschaft allzu feindlich gegenübergestanden. Mehr erfreute er sich an dem
Neoptolemus des Ennius, der sagt: »Ich liebe zu philoso-
phieren, aber mit Maß; ausschließlich dies zu tun, paßt mir
nicht.« Wenn ihr ein solches Gefallen an den Studien der
Griechen habt, so gibt es doch noch andere, die einen größeren Spielraum und ein weiteres Feld der Betätigung bieten,
die wir für das praktische Leben oder sogar gerade für den
Staat verwenden können. Wenn diese Wissenschaft überhaupt einen Wert hat, so doch nur den, daß sie die Verstan-
deskraft der jungen Leute ein wenig schärft und ihr gleichsam einen Anreiz bietet, damit sie das Wichtigere um so
leichter lernen können.

19 (31) *Tubero:* Das ist auch meine Meinung, Laelius. Aber ich stelle die Frage, was du unter dem Wichtigeren verstehst.

Laelius: Das will ich dir wahrhaftig sagen, selbst unter der Gefahr, vielleicht von dir verachtet zu werden. Du hast ja Scipio nach diesen Himmelserscheinungen gefragt, während ich der Meinung bin, man müsse das, was vor unseren Augen zu liegen scheint, eher erforschen. Wozu denn, frage ich mich, erforscht der Enkel des L. Paullus, der doch diesen Oheim hat und der der Sproß einer hochadeligen Familie und der Sohn dieses so berühmten Staates ist, was es für eine Bewandtnis mit dem Erscheinen einer Doppelsonne hat, und erforscht nicht das Problem, warum in einem einzigen Staat zwei Senate und sozusagen bereits zwei Völker sich befinden? Ihr seht ja, der Tod des Tiberius Gracchus und schon vorher die ganze Methode seiner Tribunatsführung hat *ein* Volk in zwei Teile gespalten. Die Neider und Hasser aber des Scipio halten, nachdem einmal P. Crassus und Appius Claudius[22] den Anfang gemacht haben, auch noch nach deren Tod trotzdem die Führung der Gegenpartei im Senat fest in Händen und damit den Zwiespalt zwischen ihr und euch aufrecht, wobei Metellus und P. Mucius die treibenden Kräfte bilden. Die Bundesgenossen werden aufgehetzt[23] und auch das Latinertum, Verträge werden gebrochen, die Triumvirn[24] zeigen sich als vollkommene Meister im täglichen Anstiften von irgendwelchen Unruhen, während die staatstreuen Männer eingeschüchtert sind, und den einzigen Mann, der diese so gefährliche Lage zu meistern imstande wäre, lassen sie nicht eingreifen.

(32) Darum, ihr jungen Freunde, wenn ihr mir zuhören werdet, braucht ihr euch nicht vor der Doppelsonne zu fürchten. Denn entweder kann sie überhaupt nicht existieren oder, gesetzt den Fall, sie ist wirklich so, wie man sie gesehen hat, so darf sie euer Gemüt nicht belasten, oder unser Wissen kann bis zu solchen Erscheinungen überhaupt nicht vordringen oder, selbst wenn sie sich in hohem Maße unserem Wissen erschließen würden, könnten wir auf Grund

dieses Wissens weder besser noch glücklicher sein. Daß wir
aber *einen* Senat und *ein* Volk haben, liegt ebenso im Bereich der Möglichkeit wie es im gegenteiligen Fall eine sehr
große Belastung bedeuten würde. Und zugleich wissen wir,
daß wir eben diese Einheit nicht haben, und sehen, wenn
sie hergestellt ist, werden wir besser leben und auch glücklicher.

Mucius: Was meinst du also, Laelius, müssen wir lernen,
um in der Lage zu sein, eben das zustande zu bringen, was
du forderst?

Laelius: Die Kenntnisse, die uns in den Stand setzen, dem
Staat nützlich zu sein. Das halte ich ja für das herrlichste
Geschenk der Weisheit und für den gewichtigsten Erweis
oder für die höchste Aufgabe der Tugend. Damit daher die
jetzige Feiertage uns den besten Beitrag zu recht nutzbrin-
genden Gesprächen über den Staat leisten, wollen wir Scipio
bitten, uns auseinanderzusetzen, welche Verfassung er für
die beste hält. Ferner werden wir auch andere Fragen in unsere Untersuchung einbeziehen. Wenn wir diese erledigt
haben, kommen wir, hoffe ich, im Laufe der Erörterung
eben auf die jetzigen Fragen und gehen den inneren Voraussetzungen der jetzt zur Debatte stehenden Punkte auf
den Grund.

21 (34) Als Philus und Manilius dies freudig gebilligt hatten ... Darum führe, bitte, deine Rede von diesem Punkte
herab zu den näherliegenden Fragen!

Es gibt kein Vorbild, dem wir das Gemeinwesen lieber
nachbilden wollten[25].

Laelius: Aus zwei Gründen habe ich gewünscht, daß du
zu diesen Fragen das Wort ergreifst, einmal, weil es sich
gehörte, daß in erster Linie der führende Staatsmann über
den Staat spricht, und zum zweiten, weil ich mich erinnerte,
daß du sehr oft mit Panaetius in Anwesenheit von Polybius, zwei Griechen, die eine ganz hervorragende Erfahrung
in Fragen des Staates besaßen, gerne dich ausgesprochen hast,
und daß du auf Grund vieler Beweise, die du zusammenge-
tragen hast, darlegtest, die weitaus beste Verfassung sei die,

die uns unsere Vorfahren hinterlassen haben. Da du bei einer solchen Erörterung besser beschlagen bist, wirst du uns allen, um auch für diese hier zu sprechen, einen Gefallen erweisen, wenn du deine Meinung über das Gemeinwesen darlegst.

22 (35) *Scipio:* Ich kann für meine Person nicht behaupten, daß ich mich der Untersuchung irgendeiner Frage mit ernsterer Hingabe oder größerer Sorgfalt in der Regel widme als eben der, die du, Laelius, mir vorschlägst. Denn wenn ich sehe, daß jeder Künstler in seinem Fach, soweit er in ihm etwas Besonderes leistet, nur daran denkt, nur darauf sinnt, nur darum besorgt ist, wie er in diesem Fach sich vervollkommnet, so möchte ich für meine Person, da mir doch von meinen Eltern und meinen Vorfahren als einzige Aufgabe die Fürsorge für das Gemeinwesen und seine Verwaltung hinterlassen worden ist, nicht eingestehen müssen, ich besitze weniger Tatkraft als irgendein Werktätiger, sofern ich weniger Mühe verwende auf die höchste Kunst als jene auf die geringfügigsten Künste. (36) Jedoch bin ich nicht mit den Ergebnissen zufrieden, die uns über diese wissenschaftliche Frage in ihren Schriften die bedeutendsten und weisesten Männer in Griechenland hinterlassen haben, habe aber auch nicht den Mut, die Ergebnisse, die mir persönlich richtig zu sein scheinen, über die jener Männer zu stellen. Darum bitte ich euch, mich unter dem Gesichtspunkt anzuhören, daß ich nicht so ganz bewandert in den griechischen Wissenschaften bin und daß ich sie nicht, zumal in diesem speziellen Fachgebiet, über die unsrigen stelle, sondern daß ich mich bewußt als Römer fühle, der dank der Fürsorge seines Vaters eine höhere Bildung genossen hat und von Kindheit an von einem heißen Lerneifer erfüllt war, dessen Bildung sich aber viel mehr auf die Erfahrungen des tätigen Lebens und die in der häuslichen Erziehung empfangenen Lehren als auf theoretische Bücherweisheit gründet.

23 (37) *Philus:* Wahrhaftig, Scipio, ich hege keinen Zweifel, daß an Geist dich niemand übertrifft, was aber die

37

wichtigsten Fragen der praktischen Staatsführung anbetrifft, so wirst du leicht alle anderen in Schatten stellen. Welche wissenschaftlichen Bestrebungen dich stets geleitet haben, das hat sich uns fest eingeprägt. Wenn du daher, wie du sagst, deinen Geist auch auf dieses theoretische Problem, das gleichsam einen Wissenschaftszweig darstellt, gerichtet hast, so bin ich dem Laelius sehr zu Dank verpflichtet. Denn ich hoffe, die Ausführungen, die du machen wirst, werden viel gehaltvoller sein, als das, was uns die griechische Literatur in ihrer Gesamtheit zu bieten weiß[26].

Scipio: Eine sehr hohe Erwartung setzt du auf meinen Vortrag. Das ist eine ganz erhebliche Belastung für den, der über so wichtige Fragen sprechen soll.

Philus: So groß sie auch sein mag, du wirst sie, wie üblich, meistern. Die Gefahr liegt ja ferne, dir könnten bei einer Erörterung über das Gemeinwesen die Worte fehlen.

24 (38) *Scipio:* So will ich denn eurem Wunsch nach Möglichkeit entsprechen und meine Darlegungen nach dem Grundsatz beginnen, den man meiner Ansicht nach bei allen Auseinandersetzungen anwenden muß, wenn man ein Mißverstehen von vornherein ausschalten will: die erste Voraussetzung ist, daß man sich über die Bezeichnung des vorliegenden Beratungsgegenstandes einigt; dann muß man klären, was mit dieser Bezeichnung für ein Begriff zum Ausdruck gebracht werden soll. Erst wenn darüber Einigung erzielt ist, wird es am Platze sein, in das eigentliche Gespräch einzutreten. Denn niemals wird man in das Wesentliche eines Erörterungsgegenstandes richtig Einblick gewinnen können, wenn man sich nicht zuerst darüber klargeworden ist, was er eigentlich darstellt. Weil wir also eine Untersuchung über das Gemeinwesen anstellen, wollen wir zuerst betrachten, was denn eigentlich das ist, was wir untersuchen.

Laelius: Darin stimme ich dir durchaus bei.

Scipio: Freilich will ich bei der Erörterung eines so wichtigen und so bekannten Themas nicht in der Weise verfahren, daß ich auf die Urbegriffe zurückgehe, die die Gelehrten in der Regel zum Ausgangspunkt in solchen Fragen

nehmen. Sonst müßte ich ja mit der ersten Vereinigung von
Mann und Frau beginnen[27] und dann fortfahren mit deren
Nachkommenschaft und Blutsverwandtschaft. Auch möchte
ich nicht immer wieder ausführlich festlegen, um was für
einen Begriff es sich in jedem einzelnen Fall handelt und
auf wieviel Arten er sich in Worte fassen läßt. Ich spreche
ja vor lebensklugen Männern, die die wichtigsten staatlichen
Stellungen in Krieg und Frieden bekleidet und sich dabei
höchsten Ruhm erworben haben. Daher will ich es nicht
dahin kommen lassen, daß mein Vortrag sich als weniger
bedeutend erweist als eben das Thema, über das ich sprechen
will. Denn das ist nicht die Aufgabe, die ich übernommen
habe, wie ein Schulmeister jeglichen Fragen auf den Grund
zu gehen, und ich verspreche auch nicht, zu erreichen, daß
auch nicht eine einzige Einzelheit bei diesem Gespräch übergangen ist.

Laelius: Eben diese Form des Lehrvortrags, die du in Aussicht stellst, ist es, die ich erwarte.

25 (39) *Scipio:* Das Gemeinwesen ist also die ›Sache des
Volkes‹[28], Volk aber ist nicht jede Vereinigung von Menschen, die auf jede nur denkbare Weise sich wie eine Herde
zusammengeschart hat, sondern der Zusammenschluß einer
größeren Menschenzahl, der auf der Grundlage einer Rechts-
vereinbarung und einer Interessengemeinschaft erfolgt ist.
Der erste Anlaß, einen solchen Zusammenschluß zu vollziehen, ist weniger das Gefühl der Schwäche als vielmehr eine
Art naturbedingten Triebes, gleichsam ein Herdentrieb.
Denn bei diesem Menschengeschlecht handelt es sich nicht
um Einzelindividuen und Einzelgänger, sondern es ist von
Haus aus so veranlagt, daß der Mensch, mag er in noch so
reichem, allseitigem Überfluß leben, in seiner Vereinzelung
nicht bestehen kann, sondern so geschaffen ist, daß nicht einmal bei einem Überfluß an allen Dingen er die Mithilfe und
Anteilnahme seiner Umwelt entbehren könnte.

*. . . und dazu würde ihn die Natur nicht nur einladen,
sondern sogar zwingen . . .*   (Non. p. 321, 16)

(40) Bald war die Menge, die planlos auseinanderstrebte, durch Eintracht eine Bürgerschaft geworden ...

Als Ursprung und Anlaß zu einer Stadtgründung hat man nicht einen einzigen Vorgang angegeben, vielmehr erwähnen die einen, daß die Menschen, die zuerst der Erde entsproßt sind, in Wald und Feld umherirrend ihr Leben zubrachten, wobei sie durch kein Band der Sprache oder des Rechtes miteinander zusammenhingen, sondern Laub und Gras als Lagerstätten hatten, Grotten und Höhlen als Behausungen, und so den wilden Tieren und stärkeren Lebewesen zur Beute geworden sind. Dann hätten die, die entweder zerfleischt entronnen waren oder gesehen hatten, wie ihre nächsten Angehörigen zerfleischt wurden, angesichts der eigenen gefährlichen Lage bei anderen Menschen Zuflucht gesucht, deren Schutz erfleht und zuerst durch Gesten zum Ausdruck gebracht, was sie wollten, sodann versucht, sich mit Worten primitiv zu verständigen, und dadurch, daß sie den einzelnen Dingen Bezeichnungen gaben, allmählich ein geregeltes Sprechen bewirkt. Da sie aber sahen, daß gerade die große Masse gegen die wilden Tiere geschützt werden müsse, hätten sie auch begonnen, feste Städte anzulegen, um sich die Ruhe der Nacht zu sichern oder um Überfälle und Angriffe von wilden Tieren nicht durch Kampf, sondern durch entgegengebaute Dämme abzuwehren.

Anderen wiederum schien dies widersinnig, wie es ja auch gewesen ist, und sie erklärten, nicht das Zerfleischtwerden von wilden Tieren sei der Grund zu einem Zusammenschluß gewesen, sondern vielmehr eben das menschliche Wesen, und so hätten sie sich zusammengefunden, weil die Menschen ihrer Veranlagung nach das Alleinsein fliehen und nach Gemeinschaft und Gesellschaft streben.

(Lact. inst. VI 10, 13–15. 18)

26 (41) ... gäbe es nicht in der Natur des Menschen gleichsam gewisse Samen, könnte man auch nicht finden, worauf sich die übrigen Tugenden und eben ein Gemeinwesen begründen sollte[29].

Diese Vereinigungen also, die aus dem von mir dargelegten Grunde erfolgt sind, haben zuerst dazu geführt, daß sich die Menschen an einem bestimmten Ort niederließen, um sich feste Wohnsitze zu begründen. Dann haben sie ihn unter Ausnützung der natürlichen Lage künstlich ringsum abgeschirmt und dann eine solche Vereinigung von einzelnen Baulichkeiten ein oppidum oder eine urbs (befestigte Wohnanlage oder richtige Stadt mit Ringmauer) genannt. Dabei wurden verschiedene Stellen der Stadt mit Heiligtümern und freien Plätzen für die Allgemeinheit ausgestattet. Jedes Volk also, das, wie dargelegt, der Zusammenschluß einer größeren Menschenzahl ist, jede Bürgergemeinde, die das organisierte Volk darstellt, jedes Gemeinwesen, das, wie gesagt, eine Sache des Volkes ist, muß, um Bestand zu haben, einer bestimmten planvollen Leitung unterstellt sein.

Diese planvolle Leitung muß sich aber erstens immer nach der Grundursache, der die Bürgergemeinde ihre Entstehung verdankt, richten, sodann muß sie entweder einer Einzelperson oder einigen Auserwählten zugewiesen werden, oder sie muß von der großen Masse und schließlich von der Gesamtheit in die Hand genommen werden.

(42) Wenn daher die gesamte oberste Staatsführung in der Hand eines einzigen Mannes liegt, nennen wir diesen einen König und die Verfassung eines solchen Gemeinwesens Königtum. Liegt sie aber in der Hand eines Kreises von Auserwählten, dann, sagt man, wird diese Bürgergemeinde auf Grund der ungebundenen Entscheidung der Optimaten regiert. Ein Volksstaat – so nennt man ihn ja – liegt vor, wenn in ihm alle Gewalt von dem Volke ausgeht. Jede beliebige dieser drei Verfassungsarten ist unter der Voraussetzung, daß jenes feste Band vorhanden ist, das zuerst die Menschen zu einer staatlichen Gemeinschaft sich zusammenschließen ließ, zwar nicht als eine vollkommene und auch nicht nach meiner Meinung als die ethisch beste, aber doch als eine erträgliche anzusprechen, wobei jedoch die eine vor der anderen den Vorzug verdienen könnte. Denn mag auch ein gerechter und weiser König oder auserlesene, zur Füh-

rung berufene Bürger oder das Gesamtvolk selbst den Staat lenken – wenngleich diese Staatsform am wenigsten zu billigen wäre –, so kann der Staat, wenn keine Ungerechtigkeiten oder leidenschaftlichen Begierden sich einschalten, sich auf eine ziemlich feste Grundlage stützen.

27 (43) Beim Königtum haben jedoch alle anderen allzuwenig Anteil an dem gemeinsamen Recht und an der staatlichen Planung, und bei der Optimatenherrschaft kann die Masse des Volkes kaum teilhaben an der Freiheit, da sie von jeder gemeinsamen Beratung ausgeschlossen ist und ihr keine Machtbefugnis zusteht, und wenn die gesamte politische Handlungsbefugnis in der Hand des Volkes liegt, so ist gerade die Gleichheit eine Ungleichheit, da sie keine Abstufungen nach dem wahren Wert der einzelnen Persönlichkeit zuläßt. Wenn daher Cyrus der weiseste und gerechteste Perserkönig gewesen ist, so scheint mir doch die ›Sache des Volkes‹ – denn dies ist ja, wie eben gesagt, das Gemeinwesen – nicht sehr erstrebenswert gewesen zu sein, da es nach dem, wenn auch maßvollen, Willen eines einzelnen Mannes regiert wurde. Mögen auch die Massilier, meine Klienten, durch auserlesene, hervorragende Männer mit höchster Gerechtigkeit regiert werden, so bietet doch die politische Lage dieses Volkes eine gewisse Ähnlichkeit mit der eines geknechteten. Wenn endlich die Athener zu gewissen Zeiten nach Aufhebung des Areopag sich in ihrem politischen Handeln ausschließlich auf Beschlüsse und Verordnungen des Volkes stützten, weil sie keine ausgeprägten Abstufungen nach dem wirklichen Wert des einzelnen Bürgers hatten, so hielt die Bürgerschaft nicht mehr an der ihr eigenen Zierde fest.

(44) Und diese Ausführungen mache ich über die drei Arten von Staatsverfassungen, soweit sie nicht in Unordnung geraten oder miteinander vermischt sind, sondern jede ihren eigenen festgefügten Bestand aufweist. Aber diese unvermischten Arten sind fürs erste mit den Fehlern behaftet, von denen ich vorher gesprochen habe, sodann haben sie noch andere verderbliche Fehler. Denn von jenen Staatsver-

fassungen gibt es keine einzige Art, die nicht einen Übergang zu einem ihr naheliegenden Übel aufweisen würde, und zwar einen Übergang, der auf schlüpfrigem Pfad steil abwärts führt. Denn in jenem König Cyrus, um ihn besonders zu nennen, der ein erträglicher oder, wenn ihr wollt, sogar ein liebenswerter Mensch war, steckt – ein Gesinnungswandel liegt ja ohne weiteres im Bereiche der Möglichkeit – jener überaus grausame Phalaris, dem sich die Gewaltherrschaft eines einzelnen, wie auf steilem Weg abgleitend, leichthin angleicht. Aber jener Staatsverwaltung der Massilier, die in der Hand von wenigen, hervorragenden Männern liegt, ist die gesinnungsverbundene Parteigruppe der ›Dreißig‹[30] benachbart, die einstmals bei den Athenern bestanden hat. Daß vollends die umfassende Machtbefugnis des athenischen Volkes, um von der Untersuchung der Verhältnisse bei anderen Staaten abzusehen, sich in die Willkürherrschaft einer entfesselten Masse wandelte und ihm zum schlimmsten Unheil wurde, brauche ich nicht näher auszuführen . . .[31]

29 (45) *Scipio:* . . . diese abscheulichste Erscheinung und aus ihr entweder eine Regierung der Optimaten oder jenes tyrannischen Parteiklüngels oder eines Königs oder auch recht oft des Volkes, und ebenso pflegt aus ihr irgendeine Art von jenen Formen aufzublühen, die ich vorher genannt habe. In einer erstaunlichen Kreisbewegung und sozusagen in periodischen Umläufen vollziehen sich Wandel und Wechsel der Staatsformen. Diese zu kennen, zeugt von einem weisen Manne, sie aber als bevorstehend vorauszusehen, in der Staatsführung den Kurs sicher steuernd und die Zügel fest in der gebietenden Hand behaltend, das zeugt von einem großen Bürger und geradezu von einem gottbegnadeten Manne. Und so bin ich der Meinung, daß eine vierte Staatsform in erster Linie gutzuheißen sei, und zwar die, die aus den drei erstgenannten maßvoll gemischt ist.

30 (46) *Laelius:* Ich weiß, Africanus, daß dies deine Auffassung ist. Oft habe ich sie von dir gehört. Doch möchte ich, wenn es dir keine Mühe macht, von dir erfahren, welche

du von diesen drei Staatsformen für die beste hältst. Denn es dürfte für die Erkenntnis der besten Staatsform recht vorteilhaft sein,...[32]

31 (47) *Scipio:* Jedes einzelne Gemeinwesen ist so beschaffen, wie das Wesen oder der Wille dessen ist, der es lenkt. Daher hat in keinem anderen Staat, außer wo das Volk die höchste Gewalt in Händen hat, die Freiheit eine Heimstätte. Sie ist das herrlichste Gut, das es geben kann. Wenn sie nicht jedem gleichmäßig zuteil wird, so ist sie auch gar keine Freiheit. Wie aber kann sie gleichmäßig ein Gut für alle sein, ich will nicht sagen in einer Monarchie, wo die Knechtschaft nicht einmal verschleiert oder in zweifelhaftem Gewand auftritt, sondern in den Staaten, in denen nur dem Worte nach alle frei sind? Sie üben ja hier wohl ihr Stimmrecht aus, sie übertragen militärische Führungsstellen, Staatsämter, sie lassen sich umwerben, sie lassen sich bitten, aber sie geben mehr das, was sie geben müssen, auch wenn dies durchaus gegen ihren Willen ist, und sie stellen sich für die Bitten anderer zur Verfügung, um das zu geben, was sie selbst nicht haben. Denn sie haben keine Möglichkeit der Mitwirkung bei der ausübenden Gewalt, bei der staatlichen Planung, bei der Entscheidung auserlesener Richter, alles Tätigkeiten, die dem einzelnen nach dem Alter der Familien oder nach der Vermögenslage zugewogen werden. Aber in einem freien Volke, wie auf Rhodos oder in Athen, gibt es keinen unter den Bürgern, dem nicht auf Grund seiner Tüchtigkeit der Weg zu den höchsten Staatsämtern offenstünde...[33]

32 (48) *Scipio:* Wenn in einem Volke einer oder mehrere mit größerem Reichtum und ausgiebigerem Wohlstand beglückte Männer aufgetreten seien, dann habe sich, wie sie betonen, aus ihrem Hochmut und aus ihrem Stolz eine Entwicklung ergeben, die dahin führte, daß die Untüchtigen und Schwächlinge sich fügten und sich der Anmaßung der Reichen beugten. Wenn aber die Völker auf ihrem Recht beharren, dann erklären sie, sei das hervorragendste Maß an Freiheit und Wohlfahrt erreicht. Sie seien ja die Herren

über Gesetzgebung und Rechtsprechung, über Krieg und Frieden, über Bündnisse, über Leib und Leben jedes einzelnen, über Geld und Gut. Das, glauben sie, werde allein rechtmäßig ›Gemeinwesen‹, d. h. ›Volkssache‹, genannt. Deshalb sage sich auch in der Regel das Volk von einem monarchischen oder aristokratischen Regime los, um sich aus ihm den Weg in die Freiheit zu bahnen, und von dem Besitz der Freiheit hinweg sehnen sich die Völker nicht nach Königen oder nach den Machtbefugnissen reicher Optimaten.

(49) Sie erklären aber auch, es sei nicht am Platze, wenn durch das fehlerhafte Verhalten eines zügellosen Volkes diese Art einer freiheitlichen Staatsverfassung in Bausch und Bogen abgelehnt werde: wenn ein Volk einträchtig sei und sein ganzes Sinnen und Trachten darauf eingestellt habe, sich seine Freiheit unantastbar zu bewahren, so gebe es nichts, was unwandelbarer sei und einen festeren Bestand habe. Am leichtesten aber lasse sich die Freiheit in dem Gemeinwesen bewahren, in dem allen das gleiche fromme. Aus der Verschiedenheit der Interessen, da dem einen dies, dem andern jenes förderlich ist, entstehe die Zwietracht. Wenn daher die Aristokraten sich der Herrschaft bemächtigten, habe die Bürgerschaft nie festen Boden unter den Füßen gehabt. Noch viel weniger sei dies der Fall in monarchisch regierten Staaten. Denn in einer Monarchie – so sagt Ennius – gibt es weder eine geheiligte Gemeinschaft, noch Treu und Glauben. Wenn daher das Gesetz das Bindeglied der bürgerlichen Gemeinschaft ist, das durch das Gesetz gewährleistete Recht aber jedem gleichermaßen zusteht, auf welcher Rechtsgrundlage kann dann die bürgerliche Gemeinschaft aufrechterhalten werden, wenn die Stellung der Bürger gegenüber dem Gesetz nicht gleich ist? Wenn man nämlich schon sich nicht dazu herbeiläßt, das Geld gleichmäßig zu verteilen, wenn schon die geistige Veranlagung bei allen nicht gleich sein kann, so muß doch wenigstens allen denen, die in demselben Volksstaat Bürger sind, die gleiche Rechtslage zustehen. Denn was ist ein Staat anderes als eine Rechtsgemeinschaft seiner Bürger? ...[34]

33 (50) Aber die übrigen Gemeinwesen dürfen nach der Ansicht mancher Leute nicht einmal mit den Namen genannt werden, mit denen sie sich nennen lassen wollen. Warum soll ich den Namen König, der dem Iuppiter Optimus zukommt, einem machtbegierigen, nach Alleinherrschaft strebenden Menschen geben, der seine Herrschaft auf die Unterdrükkung des Volkes stützt, und ihn nicht besser einen Tyrannen nennen? Ebenso kann der Fall eintreten, daß ein Tyrann milde ist, wie daß ein König sich als brutal erweist. Und so ist der Unterschied bei den Völkern nur der, ob sie einem leutseligen oder hartherzigen Herrn dienen. Auf jeden Fall ist es unausweichlich, daß sie Sklaven sind. Wie konnte es aber jenes Lacedaemon[35] in einer Zeit, da es sich, wie man glaubte, durch seine staatliche Zucht auszeichnete, dahin bringen, durch gute, gerechte Könige regiert zu werden, da es doch jeden haben mußte, der von königlichem Geblüt war? Denn wer möchte die Optimaten ertragen, die diesen Namen sich nicht als Zugeständnis des Volkes, sondern in ihren eigenen Wahlversammlungen zugelegt haben? Nach welchen Gesichtspunkten wird dieser ›optimus‹ dazu erklärt? Etwa auf Grund seiner Gelehrsamkeit, seiner wissenschaftlichen Bildung, seiner sonstigen Bestrebungen? Ich höre: Wann . . .[36]

34 (51) *Scipio:* Wenn er dies aufs Geratewohl tut, dann wird er ebenso schnell kentern wie ein Schiff, wenn einer von der Rudermannschaft ausgelost wird, um ans Steuerruder zu treten. Wenn aber ein freies Volk die Männer auswählt, denen es sein Geschick anvertrauen will – wenn es auf sein Heil bedacht ist, wählt es doch jedesmal die Besten –, dann ist sicherlich das Heil der Staaten jeweils auf die kluge politische Führung durch die besten Männer gegründet, vollends da es eine natürliche Gegebenheit ist, nicht nur, daß die sittlich und geistig Hervorragendsten über die Minderwertigen gestellt sind, sondern daß diese auch ihrerseits gewillt sind, eben diesen Hervorragendsten auch zu gehorchen. Aber wie man sagt, ist dieser beste natürliche Zustand durch abwegige menschliche Anschauungen erschüttert worden. Man verkennt dabei das Wesen wirklicher Tugend,

die einerseits sich nur bei einer Minderheit findet, andererseits auch nur von einer Minderheit richtig beurteilt und betrachtet wird, und man meint, reiche und begüterte Leute sowie der Adelskaste abstammungsmäßig zugehörige seien die besten. Wenn auf der Grundlage dieses Mißverständnisses des gewöhnlichen Volkes eine Minderheit mit ihren materiellen Machtmitteln und nicht die sittlichen Kräfte im Staat die ausschlaggebende Rolle zu spielen beginnen, dann halten jene führenden Männer an dem Namen ›Optimaten‹ verbissen fest, ohne in Wirklichkeit mit diesem Namen irgend etwas zu tun zu haben. Denn Reichtum, Name, Macht, die der besonnenen Überlegung sowie des Maßhaltens in der persönlichen Lebensführung und in der Ausübung der über andere zustehenden Machtbefugnis entbehren, schließen in sich ein gerütteltes Maß unmoralischen Handelns und unbändigen Hochmuts, und keine Staatsform bietet ein Bild häßlicherer Entartung, als wenn die Wohlhabendsten für die Besten gehalten werden.

(52) Wenn aber sittliche Kraft den Staat lenkt, was kann es Herrlicheres geben? Wenn der, der über andere gebietet, selbst keiner Leidenschaft Knecht ist, wenn er alle die Aufgaben, zu denen er die Bürger anhält und beruft, selbst ganz beherrscht und keine Gesetze dem Volk auferlegt, denen er selbst nicht gehorcht, sondern sein persönliches Leben wie ein Gesetz seinen Mitbürgern vorlebt. Wenn er auf sich allein gestellt in genügendem Ausmaß alle seine Ziele erreichen könnte, dann könnte man ja auf eine größere Anzahl von Männern verzichten. Könnte andererseits die Gesamtheit den Besten sehen und in dieser Sicht eine Gesinnungsgemeinschaft bilden, dann würde niemand nach einer Auswahl führender Männer verlangen. So ist infolge der Schwierigkeit einer verantwortungsvollen Entscheidung die Staatsführung von dem Monarchen an eine Mehrheit, infolge des leichtfertigen Irrwahns der Demokratien von der Mehrheit an eine Minderheit übertragen worden. Und so haben denn zwischen dem schwächlichen Ungenügen eines einzelnen und der Leichtfertigkeit der Masse die Optimaten die Mittelstel-

lung eingenommen, ein Zustand, der maßvollste Ausgeglichenheit darstellt. Haben diese die Staatsführung in Händen,
dann müssen die Völker sich in der glücklichsten Lage befinden, frei von aller Sorge, unbeschwert auch von dem
Zwang zu eigener politischer Erwägung. Sie haben ja anderen die Hut ihres ungestörten Daseins anvertraut, die
darüber zu wachen haben und bei dem Volk nicht den
Glauben aufkommen lassen dürfen, seine Interessen würden
von den führenden Männern vernachlässigt. (53) Denn die
Gleichheit des Rechtes, die ein Hauptanliegen der freien
Völker darstellt, kann einerseits nicht aufrechterhalten werden – die Völker selbst, mögen sie noch so bindungslos und
zügellos sein, räumen Vielen viele Vorrechte ein, und unter
diesen selbst vollzieht sich eine weitgehende Auswahl der
Menschen und eine Abstufung der ihnen zuzuteilenden Würden –, andererseits ist das, was den Namen Gleichheit trägt,
höchste Ungleichheit: wenn nämlich den Höchsten und Niedersten, die es naturnotwendig in jedem Volke gibt, die
gleiche äußere Ehre zugeteilt wird, so bedeutet gerade die
Gleichheit den höchsten Grad von Ungleichheit. Und dies
kann in den Staaten, die von den Besten regiert werden,
nicht vorkommen. Das etwa, mein Laelius, und noch manches andere, das zu dem gleichen Gebiet gehört, wird gewöhnlich von denen, die diese Staatsform loben, vorgebracht.

35 (54) *Laelius:* Was meinst du nun, Scipio? Welche von
diesen drei Staatsformen billigst du am meisten?

Scipio: Die Frage »welche von den dreien am meisten« ist
von dir richtig gestellt. Keine von ihnen billige ich ja für
sich, losgetrennt von den anderen. Über jede einzelne stelle
ich die, die aus allen drei Formen verschmolzen ist. Wenn
man aber eine einzelne, einfache gutheißen sollte, so möchte
ich dies bei der monarchischen besonders tun und sie an
erste Stelle setzen. Dabei begegnet uns der Name König
gleichsam mit einem patriarchalischen Klang, als eines Mannes, der für seine Untertanen wie für seine eigenen Kinder
sorgt und mehr auf deren Wohlfahrt bedacht ist, als seinen
persönlichen Nutzen im Auge hat, wobei die Untertanen

offen bekennen, daß die, die politischer Klugheit entbehren, in der verantwortungsvollen Umsicht des einen und zwar besten und höchsten Mannes ihre feste Stütze haben[37].

(55) Da treten nun die Optimaten auf den Plan mit der Erklärung, diese selbe Aufgabe erfüllen sie besser, wobei sie behaupten, ein größeres Maß von politischer Einsicht verkörpere sich in mehreren Personen als in einer Einzelpersönlichkeit, ohne daß Gleichheit und Zuverlässigkeit sich vermindere. Sieh, da ruft das Volk mit lauter Stimme, es wolle weder einem einzelnen noch einer Minderheit gehorchen. Auch für die wilden Tiere gebe es nichts Köstlicheres als die Freiheit. Diese Freiheit würden alle entbehren, mögen sie einem König oder Optimaten dienen. Es gewinnen uns durch ihre Leutseligkeit die Könige, durch ihre staatsmännische Klugheit die Optimaten, durch ihre Freiheit die Demokratien, und dies in einer Weise, daß man bei einer vergleichenden Bewertung nur schwer die Staatsform auswählen kann, die einem am meisten zusagt.

Laelius: Ich glaube es. Aber die restlichen Fragen können kaum dargelegt werden, wenn du das Thema, kaum begonnen, schon wieder aufgibst.

36 (56) *Scipio:* Wir wollen es also halten wie Arat, der zu Beginn seiner Darlegung wichtiger Fragen mit Iuppiter beginnen zu sollen glaubt.

Laelius: Wieso mit Iuppiter? Was hat denn Arats Gedicht für eine Beziehung zu diesem deinem Vortrag?

Scipio: Eine so enge, daß wir, einem heiligen Brauch Rechnung tragend, den zum Ausgangspunkt unseres Redens nehmen, der nach übereinstimmender Ansicht aller Gebildeten und Ungebildeten allein König aller Götter und Menschen ist.

Laelius: Was willst du damit sagen?

Scipio: Was anderes, als was klar vor unseren Augen liegt. Mag sein, daß diese Ansichten, weil sie dem Leben förderlich sind, von den führenden Staatsmännern aufgestellt worden sind, um den Glauben zu erwecken, es gebe nur einen König im Himmel, der, wie Homer sagt, durch sein bloßes

49

Nicken den ganzen Olymp umstürze und zugleich für aller König und Vater gelte. Ein großes Gewicht besitzt dieser Glaube jedenfalls, und es finden sich auch viele Zeugen, sofern man für ›alle‹ die Bezeichnung ›viele‹ einsetzen darf, dafür, daß die Völker in dieser Frage sich zu der einheitlichen Meinung zusammengefunden haben, allerdings auf Grund der Entscheidungen ihrer führenden Männer, daß es nichts Besseres gebe als einen König. Es stünden ja auch sämtliche Götter unter dem waltenden Zepter *eines* Gottes. Es mag auch sein, daß dies auf dem Mißverständnis von Ungebildeten beruht und in den Märchenbereich gehört; so oder so, wir wollen auf die hören, die gleichsam die Lehrer der gebildeten Menschheit sind, die sozusagen das mit ihren eigenen Augen gesehen haben, was wir kaum vom Hörensagen kennen.

Laelius: Was sind denn dies für Leute?

Scipio: Die, die durch die tiefgehende Erforschung des Alls zu der Erkenntnis gekommen sind, daß dieses ganze Weltall durch den Geist eines Einzigen regiert wird ...

(57) *Es würde zu weit führen, darzulegen, was über den höchsten Gott Thales oder Pythagoras und Anaximenes zuerst oder hernach die Stoiker Cleanthes und Chrysippus und Zenon oder von den unsrigen, auf den Spuren der Stoiker wandelnd, auch Tullius selbst erklärt haben. Sie haben ja alle festzulegen versucht, was Gott bedeutet, und versichert, von ihm allein werde die Welt regiert und diese sei keiner natürlichen Kraft untertan, da ja jede natürliche Kraft von ihm selbst geschaffen sei.* (Lact. epit. 4, 3)

37 (58) *Scipio:* Doch, wenn du willst, mein Laelius, werde ich dir Zeugen stellen, und zwar solche, die weder aus zu alter Zeit hergeholt, noch in irgendeiner Weise als Barbaren anzusprechen sind.

Laelius: Ja, gerade solche wünsche ich.

Scipio: Gut! Siehst du, es ist noch keine vierhundert Jahre her, seit diese unsere Stadt ohne Könige ist.

Laelius: Ja, nicht volle vierhundert.

Scipio: Nun! Ist denn dieses Alter von vierhundert Jahren für eine Stadt und für einen Staat sehr hoch?

Laelius: Diese unsere Stadt steht kaum im Alter eines Erwachsenen.

Scipio: War also von heute an vierhundert Jahre rückwärts gerechnet[38] in Rom ein König?

Laelius: Ja, und zwar ein hochfahrender!

Scipio: Und wie steht es mit der weiter zurückliegenden Zeit?

Laelius: Da regierte der gerechteste. Und dann weiter der Reihe nach zurückgehend kommen wir bis zu Romulus, der von der Gegenwart zurückgerechnet vor sechshundert Jahren König gewesen ist.

Scipio: Also ist auch er nicht uralt?

Laelius: Keineswegs! Fällt er doch in die Zeit, da Griechenland fast schon ins Greisenalter eintrat.

Scipio: Nun, sag an! War etwa Romulus ein König der Barbaren?

Laelius: Wenn es so ist, wie die Griechen behaupten, daß die gesamte Menschheit entweder aus Griechen oder Barbaren besteht, fürchte ich, ist er ein König der Barbaren gewesen. Wenn aber diese Bezeichnung sich auf sittliche Normen gründet, nicht auf sprachliche Gegebenheiten, so halte ich die Römer ebensowenig für Barbaren wie die Griechen.

Scipio: Und doch fragen wir bei dem vorliegenden Gegenstand der Erörterung nicht nach dem Volk als solchem, sondern nach seinen geistigen Anlagen. Sofern nämlich kluge Menschen, die zugleich nicht in ferner Vergangenheit gelebt haben, Könige haben wollten, so sind die Zeugen, über die ich verfüge, weder sehr alt noch stammen sie aus einem rohen, ungesitteten Bereich.

38 (59) *Laelius:* Wie ich sehe, Scipio, bist du wohl ausgestattet mit Zeugnissen. Doch haben in meinen Augen, wie vor einem guten Richter, Beweise ein stärkeres Gewicht als Zeugen.

Scipio: Nimm also, mein Laelius, du selbst deine Empfindung als Beweis!

Laelius: Was für eine Empfindung?

Scipio: Wenn du irgendeinmal, wenn du zufällig einmal dir selbst so vorkamst, als ob du auf irgend jemand zornig wärest.

Laelius: Ich war es allerdings öfter, als mir recht war.

Scipio: Nun! Wenn du zornig bist, läßt du da diesen Zornausbruch über dein Ich Herr werden?

Laelius: Wahrhaftig! Nein! Ich mache es da, wie jener Archytas aus Tarent. Als dieser einmal zu seinem Landhaus kam, traf er alles anders an, als er es angeordnet hatte. Da fuhr er seinen Gutsverwalter an: »Du schrecklicher Mensch! Ich hätte dich zu Tode geprügelt, wenn ich nicht zornig wäre.«

(60) *Scipio:* Ausgezeichnet! Also glaubte Archytas mit Recht, daß ein Zornausbruch, der sich mit vernünftiger Überlegung natürlich nicht verträgt, eine Art Seelenaufruhr bedeute, und wollte, daß dieser durch Besinnung gedämpft werde. Füge noch hinzu die Regungen der Habsucht, der Herrschsucht, der Ruhmsucht und sonstige leidenschaftliche Aufwallungen! Und du siehst das: Wenn in den Menschenherzen eine königliche Macht regiert, so kann dies nur die Regierung eines Einzigen sein, nämlich der klaren Vernunft – sie ist ja der beste Teil unseres inneren Ichs –; wo sie aber die Herrschaft ausübt, da ist kein Platz für sinnliches Sichgehenlassen, kein Platz für Zornausbrüche, kein Platz für leichtfertiges Handeln.

Laelius: So ist es.

Scipio: Billigst du also einen solchen Seelenzustand?

Laelius: Ja, nichts mehr als diesen.

Scipio: Also würdest du es nicht billigen, wenn vernünftige Überlegung beiseite geschoben würde und ungezügelte Leidenschaften – man kann sie ja gar nicht alle aufzählen – sowie Zornausbrüche überall das Feld beherrschten.

Laelius: Ich für meine Person würde nichts für erbärmlicher halten als eine solche seelische Verfassung, als einen Menschen mit solcher Gemütsart.

Scipio: Unter einem königlichen Gebot stehen also nach

deiner Auffassung alle Teile der Seele, und sie werden durch die Vernunft regiert?

Laelius: Ja, dies ist meine Ansicht.

Scipio: Warum bist du dann unschlüssig, zu welcher Ansicht über das Gemeinwesen du dich bekennen sollst? Wenn in ihm die Führung auf eine Mehrzahl von verantwortlichen Männern übergegangen ist, dann darf man doch zu der Erkenntnis kommen, daß keine befehlende Spitze vorhanden ist. Wenn diese nicht eine Einheit darstellt, kann sie überhaupt nicht bestehen.

39 (61) *Laelius:* Was ist denn, ich bitte dich, für ein Unterschied zwischen einer Einheit und einer Mehrheit, sofern in dieser Mehrheit die Gerechtigkeit verkörpert ist?

Scipio: Da ich gemerkt habe, mein Laelius, daß meine sonstigen Zeugen auf dich keinen sonderlichen Eindruck machen, so will ich fernerhin dich als Zeugen für die Richtigkeit meiner Ausführungen nehmen.

Laelius: Mich? Wieso denn?

Scipio: Weil ich kürzlich, als wir auf dem Formianum waren, gemerkt habe, daß du deinem Gesinde einschärftest, einem Einzigen aufs Wort gehorsam zu sein.

Laelius: Freilich! Und zwar meinem Verwalter.

Scipio: Wie? Führen in deinem Stadthause mehrere deine Geschäfte?

Laelius: Nein, im Gegenteil! Nur ein einziger.

Scipio: Wieso? Lenkt dein ganzes Hauswesen außer dir noch ein zweiter?

Laelius: Durchaus nicht!

Scipio: Warum willst du dann nicht auch zugeben, daß ebenso in dem Gemeinwesen die Herrschaft eines einzelnen, sofern dieser nur gerecht ist, die beste ist?

Laelius: Du bringst mich dahin, daß ich beinahe zustimme.

40 (62) *Scipio:* Dann, Laelius, wirst du mir noch mehr zustimmen, wenn ich noch zu gewichtigeren Fragen komme. Ich will dabei ähnliche Fälle übergehen, daß es z. B. richtiger ist, einem einzigen Steuermann ein Schiff, einem einzigen Arzt einen Kranken anzuvertrauen, vorausgesetzt, daß

53

sie in ihrem Fachgebiet entsprechend bewandert sind, als
einer Vielzahl.

Laelius: Was sind dies nun für gewichtigere Fragen?

Scipio: Ja, siehst du denn nicht, daß der unerträgliche
Hochmut eines Tarquinius den Namen König diesem unserem Volk verhaßt gemacht hat?

Laelius: Allerdings sehe ich es.

Scipio: Dann siehst du auch das, worüber ich im Laufe
meines Vortrages noch mehr zu sagen gedenke, daß nach der
Vertreibung des Tarquinius sich das Volk einem höchst erstaunlichen Freudentaumel über die ungewohnte Freiheit
hingegeben hat: da wurden Unschuldige in die Verbannung
gejagt, da wurde das Eigentum vieler Bürger geplündert, da
wurden Konsuln in jährlichem Wechsel eingesetzt, da wurden vor dem Volk die Rutenbündel[39] gesenkt, da wurden
Berufungsmöglichkeiten[40] auf allen Gebieten geschaffen, da
kam es zu den verschiedenen Auszügen der Plebs[41], kurz,
damals wurden die meisten Angelegenheiten unter der Voraussetzung behandelt, daß alle Gewalt in den Händen des
Volkes liege.

Laelius: So ist's, wie du sagst.

(63) *Scipio:* Ja, so ist es. Es spielte sich aber in ruhiger
Friedenszeit ab – man darf sich ja unbeschwert gehenlassen,
solange man nichts zu fürchten braucht –, so wie auf einem
Schiff und nicht selten auch bei einer leichten Krankheit.
Aber wie der, der auf einem Schiff fährt, bei einem plötz-
lichen Aufbäumen des Meeres und der Kranke bei einer
Verschlimmerung seiner Krankheit die Hilfe eines einzelnen
erfleht, so spielt unser Volk daheim im Frieden den Gebie-
ter, bedroht sogar die Beamten, verwahrt sich, stellt zur
Rede, legt Berufung ein, und – im Kriege leistet es Gehorsam wie einem König. Denn die Rücksicht auf die eigene
Existenz wiegt schwerer als der Drang, seinen Leidenschaften zu frönen. In schwereren Kriegen aber haben unsere
Mitbürger es so gewollt, daß die gesamte Machtbefugnis
ohne jede Teilung mit einem Amtsgenossen jeweils in der
Hand einer Einzelpersönlichkeit liege, deren Bezeichnung

schon das Wesen und die Bedeutung der ihr zustehenden Machtbefugnis besagt. Denn die Bezeichnung »Diktator« rührt ja davon her, daß er ernannt wird[42]. Aber, wie du siehst, mein Laelius, wird er in unseren Büchern »Meister des Volkes« genannt.

Laelius: Ja, ich sehe es.

Scipio: Weise haben also jene unsere Vorfahren gehandelt . . .[43]

41 (64) *Scipio:* Wenn ein Volk einen gerechten König verloren hat, da sind, wie Ennius sagt, von Sehnsucht erfüllt die göttlichen Herzen nach dem Heimgang des trefflichsten Königs. Und zugleich sprechen sie so untereinander: »O Romulus, göttlicher Romulus! Was warst du für ein Hüter des Vaterlandes, den die Götter erzeugt haben. Du, Vater, Erzeuger, den Göttern entstammtes Blut.« Nicht Herren, nicht Gebieter, nannten sie die, deren rechtmäßige Untertanen sie gewesen waren, ja nicht einmal Könige, sondern Wächter des Vaterlandes, sondern Väter, sondern Götter. Und nicht ohne Grund! Denn was fügen sie hinzu? »Du hast uns an die Gestade des Lichtes geführt!« Daß Leben, Ehre, äußere Würde durch die Gerechtigkeit des Königs ihnen gegeben sei, das war ihr Glaube. Und diese Gesinnung wäre bei ihren Nachkommen lebendig geblieben, wenn die Könige sich gleich geblieben wären. Aber, wie du siehst, ist durch die Ungerechtigkeit eines einzelnen diese ganze Staatsform zerbrochen.

Laelius: Ja, ich sehe es. Und mein Bemühen geht dahin, den Ablauf dieser wechselnden Erscheinungen ebenso in unserem wie in jedem anderen Staatswesen kennenzulernen.

42 (65) *Scipio:* Überhaupt muß ich, wenn ich meine Ansicht über diese von mir in erster Linie anerkannte Staatsform geäußert habe, noch eingehender über die Veränderungen[44] sprechen, denen die Staatsformen unterworfen sind, wenngleich, wie ich glaube, solche Veränderungen am wenigsten leicht bei dieser Staatsform auftreten werden. Jedoch tritt an erster Stelle und mit größter Sicherheit bei dieser monarchischen Verfassung folgende Veränderung ein:

Fängt der König an, ungerecht zu sein, so ist es mit dieser Staatsform sofort aus, und dieser selbe Monarch wird zum Tyrannen. Er vertritt damit die abscheulichste Staatsform, die zugleich der besten am nächsten steht. Haben die Optimaten diesen Tyrannen beseitigt – wie es in der Regel geschieht –, dann weist das Gemeinwesen von den drei Verfassungsarten die zweite auf: sie stellt eine Scheinmonarchie dar, d. h., es waltet ein Staatsrat von führenden Männern, der für die Wohlfahrt des Volkes in väterlicher Verantwortung sorgt. Wenn aber das Volk aus eigener Machtvollkommenheit den Tyrannen tötet oder verjagt, so zeigt es sich verhältnismäßig maßvoll, solange es Vernunft und Verstand walten läßt; es freut sich über sein erfolgreiches Handeln und hat den Willen, die aus eigener Kraft geschaffene Verfassung zu schützen. Hat aber einmal das Volk einem gerechten König Gewalt angetan und ihn vom Thron gestoßen oder auch, was ziemlich oft vorkommt, Optimatenblut gekostet und den ganzen Staat seinen entfesselten Leidenschaften preisgegeben, dann glaube ja nicht, es wäre irgendein Meer so wild oder irgendein Brand so mächtig, daß er nicht leichter gedämpft werden könnte als die Masse, die sich entfesselter Maßlosigkeit hingibt. Dann tritt das ein, was bei Platon[45] so einleuchtend gesagt ist – hoffentlich kann ich es in lateinischer Sprache entsprechend ausdrücken; dies ist zwar schwierig, aber ich will den Versuch wagen:

43 (66) Wenn der unersättliche, freiheitsdurstige Schlund des Volkes ausgebrannt ist und das Volk mit Hilfe schlimmer Mundschenken die Freiheit, nicht in maßvoller Mischung, sondern allzu rein, dürstend getrunken hat, dann verfolgt es die Behörden und die an der Spitze des Staates stehenden Männer, sofern diese nicht recht milde und nachgiebig sind und ihm den Trank der Freiheit nicht aus vollen Bechern reichen, es bezichtigt sie, beschuldigt sie, nennt sie Machtbesessene, Könige, Tyrannen. Dies ist dir bekannt, wie ich glaube.

Laelius: Allerdings gut bekannt.

(67) *Scipio:* Nun heißt es weiter: Diejenigen, die den füh-

renden Männern willfährig sind, die werden den Umtrieben dieses Volkes preisgegeben und werden freiwillige Sklaven genannt. Diejenigen aber, die in einer verantwortlichen Beamtenstellung sich befinden und es den Privatleuten gleichtun wollen, und die Privatleute, die den Unterschied zwischen einem Privatmann und einem Beamten ganz verwischen, die preist man hoch und überhäuft sie mit Ehrenstellen. Als unausbleibliche Folge bildet sich überall in einem derartigen Staatswesen ein solch volles Maß von Freiheit heraus, daß über keinem privaten Hauswesen mehr ein Gebieter steht und dieser Übelstand sogar auf die Tiere übergreift. Schließlich kommt es so weit, daß der Vater den Sohn fürchtet, der Sohn den Vater nicht beachtet, jegliches Ehrgefühl abhanden kommt, daß völlige Bindungslosigkeit um sich greift, kein Unterschied mehr herrscht, ob einer ein Bürger oder ein Fremder ist, daß der Lehrer die Schüler fürchtet und ihnen schmeichelt, daß die Schüler den Lehrer mißachten, die Jünglinge sich die gewichtige Bedeutung der Alten beilegen, die Alten sich aber zu dem Spiel der Jungen herablassen, um diesen nicht mißliebig zu sein und lästig zu fallen. Dann kommt es dazu, daß auch die Sklaven eine größere Freiheit sich herausnehmen, die Ehefrauen das gleiche Recht wie die Männer für sich beanspruchen und daß im Bereich einer so weitgehenden Freiheit auch Hunde und Pferde, am Ende gar Esel so frei daherrennen, daß man ihnen aus dem Weg gehen muß. Und so ergibt sich, sagt Platon, als letztes zwangsläufiges Ergebnis dieser schrankenlosen Freiheit, daß die Bürger in ihrer Denkungsart so verwöhnt und verweichlicht werden, daß sie bei der geringsten Anwendung von obrigkeitlicher Gewalt zornig werden und sie nicht ertragen können, was wiederum dahin führt, daß sie allmählich sich auch nicht mehr um die Gesetze kümmern, um ohne jeglichen Herrn zu sein.

44 (68) *Laelius:* Ganz genau hast du Platons Darlegungen wiedergegeben.

Scipio: Um nun zu dem Gewährsmann meiner Darlegungen zurückzukehren, aus dieser allzu ausgearteten Zügel-

losigkeit, die nach ihrer Anschauung allein Freiheit ist, sagt
Platon, entstehe und wachse gleichsam hervor, wie aus einem
Stamm, der Typus des Tyrannen. Denn wie in dem Über-
maß an Macht, über das die Staatsmänner verfügen, die
Wurzel zu ihrem Untergang liegt, so wird dieses allzu freie
Volk gerade durch die Freiheit in die Knechtschaft gestürzt.
So schlägt alles Übermäßige, mag nun das Wetter ein zu
freundliches Gesicht gezeigt haben oder dabei die Vegetation
zu reich aufgesproßt sein oder die physische Struktur eines
Menschen sich zu üppig entwickelt haben, in der Regel in das
Gegenteil um, und hauptsächlich kommt dies in den Gemeinwesen vor. Jene übermäßige Freiheit schlägt für ganze
Völker wie für einzelne Privatpersonen in übermäßige
Knechtschaft um. Und so erwächst aus dieser größten Freiheit der Tyrann und damit die ungerechteste und härteste
Knechtschaft. Denn aus einem solch zügellosen oder besser
verwilderten Volk wird meistens irgendein Führer gegen
jene schon angeschlagenen und in ihrer Stellung erschütterten Staatsmänner gewählt, ein Führer, der frech, moralisch
unsauber mit dreister Unbekümmertheit Männer verfolgt,
die sich um den Staat wohl verdient gemacht haben, der
fremdes Gut, als ob es sein eigenes wäre, dem Volk als Geschenk zur Verfügung stellt. Und weil ihm in seiner Stellung als Privatmann mancherlei Schreckgespenster vor Augen stehen, läßt er sich staatliche Machtbefugnisse übertragen, die ihm immer wieder verlängert und sogar durch
Leibwachen, wie es in Athen bei Pisistratus der Fall war,
gesichert werden, und zuletzt treten sie als Tyrannen gerade
über die auf, von denen sie in ihre Stellung geschoben worden sind. Werden sie dann durch die Patrioten, wie es oft
geschieht, beseitigt, dann erholt sich die Bürgergemeinde
wieder; erfolgt aber diese Beseitigung durch freche Aben-
teurer, dann kommt es zu jener bekannten Parteibildung,
die nur eine Abart der Tyrannenherrschaft ist. Die gleiche
Entwicklung ergibt sich auch aus jener oft vortrefflichen aristokratischen Staatsverwaltung für den Fall, daß irgendwie
moralisches Versagen die Staatsmänner selbst aus der Bahn

geworfen hat. So raufen sie wie beim Ballspiel um das Gemeinwesen: die Tyrannen entreißen es den Königen, den Tyrannen die Vertreter aristokratischer oder demokratischer Verfassungen, wobei unter diesen entweder einzelne Parteigruppen oder Tyrannen auftreten, und nie ist derselben Staatsform eine längere Dauer beschieden.

45 (69) Unter diesen Umständen hat nach meiner Ansicht von den drei erstgenannten Verfassungsarten die monarchische bei weitem den Vorzug. Aber vor die monarchische selbst wird noch die zu stellen sein, die eine gleichmäßige Mischung aus den drei besten Staatsformen darstellt. Drei Voraussetzungen sind dabei zu erfüllen: erstens, es muß in dem Staatswesen eine gewisse monarchische Spitze vorhanden sein, ferner, eine zweite Kraft muß der Einfluß darstellen, der der politischen Führungsschicht zugemessen und zugewiesen ist, drittens, gewisse Aufgabengebiete müssen dem Urteil und der Willensäußerung der großen Masse des Volkes vorbehalten bleiben. Eine solche Verfassung gewährleistet einmal ein hohes Maß von Ausgeglichenheit, auf das freie Menschen auf die Dauer kaum verzichten können, zum zweiten eine Sicherheit, weil jene drei Grundformen leicht in die gegenteiligen Mißformen umschlagen können, so daß aus dem König ein Gewaltherrscher, aus den Optimaten ein Parteiklüngel, aus der geordneten Demokratie ein durcheinandergewürfelter Haufe entsteht, und sodann weil selbst diese Formen oft wieder mit neuen Formen wechseln. Dies kommt in einer verbundenen und maßvoll gemischten Verfassung in der Regel nur dann vor, wenn die leitenden Männer schwere Charakterfehler aufweisen. Denn es liegt kein Anlaß zu einer Umwälzung vor, wo jeder einzelne an der ihm zugehörigen Stelle festen Fuß gefaßt hat und kein Abgrund sich auftut, in den er kopfüber stürzen könnte.

46 (70) Aber ich fürchte, Laelius und ihr, meine teuren, einsichtsvollen Freunde, wenn ich noch länger bei diesem Gegenstand verweile, könnte mein Vortrag den Eindruck erwecken, er stamme von einem Manne, der gleichsam mit seinem Dozieren feste Anordnungen verbindet und nicht

mit euch zusammen gemeinsame Betrachtungen anstellt. Deshalb will ich auf die Fragen zu sprechen kommen, die zwar allgemein bekannt, aber von euch schon seit langer Zeit untersucht worden sind. Denn dahin geht meine grundsätzliche Einstellung, dahin meine Überzeugung, dahin mein fester Glaube: keine von sämtlichen Staatsformen ist hinsichtlich ihres inneren Aufbaues, hinsichtlich der Verteilung der Gewalten und der geregelten Ordnung mit der zu vergleichen, die unsere Väter schon von den Vorfahren übernommen und uns hinterlassen haben. Seid ihr einverstanden, will ich diese Staatsform – weil ihr von mir hören habt wollen, was ihr ja schon vorher wußtet – unter zwei Gesichtspunkten vorführen: *wie* sie beschaffen ist und *daß* sie die beste ist. Und habe ich unsere Staatsverfassung als vorbildlich vorgeführt, will ich, soweit es mir möglich ist, an diese Darlegung jenen ganzen Vortrag anfügen, den ich über den besten Zustand einer Bürgergemeinde halten soll. Habe ich dieses Ziel festhalten und erreichen können, werde ich in vollem Umfang die Aufgabe, mit der mich Laelius betraut hat, soweit ich es zu beurteilen vermag, erfüllt haben.

47 (71) *Laelius:* Das ist wirklich deine und allein deine Aufgabe, Scipio. Wer könnte besser als du über die Einrichtungen der Vorfahren sprechen, wo du doch selbst die berühmtesten Männer zu deinen Vorfahren zählst, oder über den besten Zustand einer Bürgergemeinde? Besitzen wir diesen – wenn schon dies in dem jetzigen Zeitpunkt nicht der Fall ist, aber eben dann, wenn wir ihn haben –, wer könnte glänzender dastehen als du? Oder über die Maßregeln, die für die Zukunft zu ergreifen sind, wo du doch zwei Schrecknisse, die der Stadt drohten, abgewehrt und damit für alle Zeiten Vorsorge getroffen hast?

Zweites Buch

Da alle danach brannten, ihn zu hören, begann Scipio folgendermaßen zu reden:

1 (1) Es gibt einen Ausspruch des alten Cato – wie ihr wißt, habe ich ihm meine ganze Liebe zugewendet und ihm höchste Bewunderung gezollt, ihm habe ich auf Grund des Urteils, das mein Vater und mein Adoptivvater von ihm hatten, oder auch meiner eigenen Neigung folgend, von Jugend auf mich ganz verschrieben. Nie konnte ich mich satt hören, wenn er eine Rede hielt. Über eine so weitgehende Erfahrung verfügte er als Staatsmann, und diese Aufgabe hatte er in Krieg und Frieden ebenso trefflich wie außerordentlich lange durchgeführt, so groß war auch sein Maßhalten im Reden. Dazu kam eine elegante, mit würdevollem Ernst gepaarte Haltung und eine volle Hingabe beim Lernen wie beim Lehren, zugleich eine Lebensführung, die mit seiner Rede ganz in Einklang stand – dieser Cato also pflegte folgendes zu sagen: (2) »Darin zeichnet sich die Verfassung unseres Staates vor den übrigen aus, daß in diesen in der Regel Einzelpersönlichkeiten aufgetreten sind, von denen jede einzelne ihren Staat mit ihren Gesetzen und Einrichtungen aufgebaut hat. So war bei den Kretern Minos[46], bei den Lacedaemoniern Lykurg, bei den Athenern, deren Verfassung oftmals verändert wurde, zuerst Theseus, dann Dracon, dann Solon, dann Clisthenes, dann kamen viele andere, bis zuletzt der gelehrte Demetrius Phalereus den schon ausgebluteten, am Boden liegenden Staat noch einmal aufgerichtet hat. Unser Staat dagegen hat sich nicht auf das Talent eines einzelnen, sondern vieler Persönlichkeiten gegründet, auch nicht auf ein einziges Menschenleben, sondern auf eine ganze Reihe von Jahrhunderten und Generationen.

Denn« – pflegte er zu sagen – »noch nie ist ein Genie auf-

getreten, das so umfassend gewesen wäre, daß ihm überhaupt nichts entging, und selbst wenn man alle bedeutenden
Geister in einer Person zusammenfassen würde, könnte sie
in dieser zeitlichen Zusammenfassung nicht eine so weitgehende Voraussicht walten lassen, daß sie unter Verzicht auf
praktische Erfahrung und auf die Lehren der Vergangenheit
alles umfassen würde.« (3) Daher will ich – das war ja auch
bei ihm die Regel – jetzt bei dem Beginn meines Vortrages
auf den Ursprung des römischen Volkes zurückgreifen. Gerne
bediene ich mich ja dabei eines Wortes von Cato. Leichter
aber werde ich mein Ziel erreichen, wenn ich euch unseren Staat
in seinen vier Etappen vorführe: in seinem Entstehen, in seinem Wachstum, in seiner Reife, endlich in seinem festen und
starken inneren und äußeren Gefüge, als wenn ich mir, wie Sokrates bei Platon, aus mir selbst irgendein Idealbild schaffe.

2 (4) Als allgemeine Zustimmung erfolgte, begann

Scipio: Wo haben wir einen so berühmten und so allgemein bekannten Ausgangspunkt einer Staatseinrichtung wie
bei dem Ursprung dieser unserer Stadt, deren Gründung
sich von Romulus herleitet? Als Sohn des Mars – wir wollen
der sagenhaften Überlieferung der Menschen Raum geben,
zumal da sie nicht nur auf ein ehrwürdiges Alter zurück-
schaut, sondern auch von unseren Vorfahren weislich wei-
tergepflanzt wurde, und dies in der Form des Glaubens,
um das Gemeinwohl verdiente Männer besitzen nicht nur
göttlichen Geist, sondern sind sogar von göttlicher Abstammung –, dieser Marssohn also soll gleich nach seiner Geburt
mit seinem Bruder Remus auf Befehl des Königs Amulius
aus Furcht vor der Erschütterung seines Thrones am Tiber
ausgesetzt worden sein. Dort sei er von einem Tier des Wal-
des gesäugt worden, Hirten hätten ihn aufgehoben und in
ländlicher Lebensweise großgezogen. Wie er dann herange-
wachsen war, soll er sich durch körperliche Kräfte und wilde
Sinnesart so hervorgetan haben, daß die gesamte damalige
Bevölkerung des Landgebietes, auf dem sich heute diese
unsere Stadt befindet, ihm ohne Widerstreben und gerne
gehorchte. Dann habe er sich als Anführer ihres Heerhau-

fens zur Verfügung gestellt und habe – um nunmehr von der sagenhaften Überlieferung zu wirklichen Tatsachen zu kommen – Alba Longa überwältigt, eine damals starke, mächtige Stadt, und habe den König Amulius umgebracht.

3 (5) Im Besitze dieses Ruhms soll er zuerst auf den Gedanken gekommen sein, auf Grund der Vogelschau[47] ein Gemeinwesen zu gründen. Für die Stadt aber wählte er einen Platz aus, der eine fabelhaft günstige Lage hatte. Dafür muß ja ein Mann, der den Versuch macht, ein Gemeinwesen zusammenzufügen, das für die Dauer sein soll, mit besonderer Umsicht sorgen. Er legte die Stadt nicht am Meere an, was ihm mit seinem Heerhaufen und seinen sonstigen Mitteln ein leichtes gewesen wäre. Dies hätte bedeutet, daß er in das Gebiet der Rutuler und Aboriginer einrückte oder an der Mündung des Tiber, wo viele Jahre später der König Ancus eine Kolonie anlegte, selbst die Stadt gründete; vielmehr merkte und sah der Mann mit seinem hervorragenden Weitblick, daß die Lage an dem Meere für solche Städte, die mit der Hoffnung auf dauernden Bestand und auf Machtbesitz gegründet werden, nicht immer die günstigste ist. Und zwar aus zwei Gründen: einmal sind die Gefahren, denen am Meer gelegene Städte ausgesetzt sind, nicht nur vielfältig, sondern auch unberechenbar. (6) Denn wenn auf dem Festland Feinde herannahen, sowohl solche, die man erwartet hat, wie solche, die plötzlich hereinbrechen, so kündigt sich dies durch vielfache Anzeichen vorher an. Sie kommen mit Lärm und verraten sich eben durch ihr Getöse. Es kann ja wirklich kein Feind zu Lande herbeieilen, ohne daß wir vorher erfahren können, nicht nur, daß es ihn überhaupt gibt, sondern auch, wer er ist und woher er kommt. Der Feind aber, der über das Meer zu Schiff kommt, der kann da sein, noch ehe jemand sein voraussichtliches Erscheinen vermuten kann, und wenn er gekommen ist, läßt er erst nicht offen erkennen, wer er ist oder woher er kommt, oder gar, was er im Schilde führt; kurz, es bietet sich überhaupt kein Merkmal, aus dem man entscheiden und beurteilen könnte, ob er unter friedlicher oder feindlicher Flagge segelt.

4 (7) Es haftet aber auch den Seestädten eine Verderbnis der Sitten an, die zugleich einer dauernden Wandlung ausgesetzt sind. Es gesellen sich neue Sprachen und Lehren hinzu, und es werden aus dem Ausland neben den Waren auch Sitten importiert, was zur Folge hat, daß die überkommenen Einrichtungen in keinem Punkt sich rein erhalten. Vollends sind die Einwohner solcher Städte mit ihren Wohnsitzen nicht verwurzelt, sondern flüchtige Hoffnungen und Erwägungen entführen sie weit weg von ihrer Heimat und, selbst wenn sie mit ihrer Körperlichkeit dableiben, so sind sie doch mit ihrem Geist auf Irrfahrten in der Fremde. Und wahrlich keine Erscheinung hat zu dem völligen Sturz des schon lange erschütterten Karthago und Korinth dereinst mehr beigetragen als dieser Irrwahn, der die Bürger in der weiten Welt zerstreute, weil sie aus Lust am Handel und an der Schiffahrt sich von dem Ackerbau und der Waffenhandhabung losgesagt hatten. (8) Auch viele Lockmittel zu einem ausschweifenden Lebenswandel strömen den Staaten über See zu, entweder in der Form von Beutegut oder sonstiger Importwaren. Zudem bringt die liebliche Lage viele sinnlichen Verlockungen zu einem kostspieligen oder auch müßigen Lebenswandel mit sich. Was ich von Korinth gesagt habe, gilt vielleicht auch von ganz Griechenland, ohne daß man mit dieser Behauptung im geringsten gegen die Wahrheit verstößt. Denn die Peloponnes ist fast ganz in das Meer eingebettet, und außer den Bewohnern von Phlius gibt es keine Peloponnesbewohner, deren Landgebiet nicht an das Meer stößt. Außerhalb der Peloponnes sind die Aenianen, die Dorer und die Doloper die einzigen, die abseits vom Meere wohnen. Was soll ich von den Inseln Griechenlands sagen? Vom Meer umflutet, schwimmen sie geradezu mitsamt den Einrichtungen und Sitten ihrer Gemeinden.

(9) Und dies gilt, wie ich oben gesagt habe, von dem alten Griechenland. Betrachten wir vollends die Kolonien! Welche ist von den Griechen in Asien, Thracien, Italien, Sizilien gegründet worden, abgesehen von Magnesia, die allein von der

Meereswoge nicht bespült wird? So erscheint die Küste Griechenlands wie eine Art Saum an das Gebiet der Barbaren angewebt. Denn von den Barbaren selbst wohnten sicherlich keine in früheren Zeiten am Meere außer den Etruskern und Puniern, wobei das Motiv des Handels bei diesen, das des Raubens bei jenen vorlag. Das ist die offensichtliche Ursache der unglückseligen Umwälzungen in Griechenland; sie beruhen auf diesen Mängeln der Seestädte, die ich eben vorher ganz kurz berührt habe. Aber trotzdem ist in jenen Mängeln ein großer Vorteil enthalten: einmal, die Güter der ganzen Welt können zu der von dir bewohnten Stadt zu Schiff herangebracht werden, und zum andern, man kann die eigenen Landesprodukte in jedes beliebige Land ausführen und versenden.

5 (10) Wie hätte daher Romulus mit weiserer göttlicher Eingebung die Vorteile einer Seelage erfassen und deren Schattenseiten vermeiden können, als dadurch, daß er die Stadt an dem Ufer eines nie versiegenden, gleichmäßig strömenden Flusses, der breit ins Meer mündet, anlegte? Durch ihn sollte die Stadt in die Lage versetzt werden, vom Meer her ihre Bedürfnisse zu erhalten und durch ihn ihren Überfluß wieder dem Meere zu übergeben, und zwar in der Weise, daß sie auf diesem selben Flusse die für die Ernährung der Bevölkerung wie für ihre gehobene Lebenshaltung notwendigsten Bedürfnisse nicht nur vom Meer her gleichsam in sich einsauge, sondern auch diese, aus dem Binnenlande herbeigeführt, erhalte. So kann ich mich dem Eindruck nicht verschließen, daß Romulus schon damals vorausgeahnt hat, diese Stadt werde dereinst Sitz und Heimstätte für eine Weltmacht bilden. Denn eine so weitgreifende, die Welt umspannende Machtstellung hätte kaum eine andere in irgendeinem Teil Italiens angelegte Stadt behaupten können.

6 (11) Was aber die natürliche gesicherte Lage der Stadt betrifft, wer sollte so unachtsam sein, daß er sie sich nicht eingeprägt und in ihrem vollen Umfang erkannt hat? Sehen wir doch bei ihr eine Mauerlinie und eine Mauerführung, die durch die Weisheit des Romulus und auch der übrigen

Könige so festgelegt wurde, daß auf jeder Seite steile, abschüssige Berge waren mit einem einzigen Zugang zwischen dem Esquilin und dem Quirinal, der durch einen sehr breiten Graben und einen davor aufgeworfenen gewaltigen Damm abgesperrt war. Und zugleich war die Burg, die sich auf einem ringsum steilen, wie abgeschnittenen Felsen erhob, so stark befestigt, daß sie sogar in jener schrecklichen Unglückszeit des Gallierinfalls[48] unversehrt und unberührt blieb. Und er wählte einen Platz aus, der überreich an Quellen war und mitten in einer sonst von Seuchen heimgesuchten Gegend eine Oase der Gesundheit bildete. Es finden sich dort Hügel, durch die ein frischer Luftzug weht und zwischen denen schattenspendende Täler liegen.

7 (12) Und dieses Werk führte er mit großer Schnelligkeit durch. Er erbaute die Stadt, die er nach seinem Namen benennen ließ, und um der neuen Bürgergemeinde einen festen Halt zu geben, griff er zu einer neuen, etwas plumpen Maßregel, die aber im Hinblick auf die feste Begründung seiner königlichen Macht und seines Volkes eine bedeutende, schon damals auf lange Sicht vorsorgende Persönlichkeit verrät: Sabinische Jungfrauen aus vornehmem Geschlecht waren der Spiele wegen, deren Abhaltung im Circus damals Romulus zum erstenmal in jährlicher Wiederkehr an den Consualien veranlaßt hatte, nach Rom gekommen. Diese ließ er rauben und verheiratete sie in die angesehensten Familien. (13) Als aus diesem Grunde die Sabiner mit den Römern Krieg anfingen und ein hin- und herwogender Kampf zu keiner Entscheidung führte, schloß er mit dem Sabinerkönig T. Tatius einen Vertrag, wobei die geraubten Frauen selbst als Fürsprecherinnen auftraten. Auf Grund dieses Vertrags nahm er die Sabiner in den Verband der Bürgergemeinde auf unter Vereinigung des beiderseitigen religiösen Kultes und teilte seinen Thron mit dem Sabinerkönig.

8 (14) Nach dem Tode des Tatius fiel Romulus wieder die ganze Herrschaft zu. Zwar hatte er zusammen mit Tatius in den königlichen Beirat führende Männer auserwählt — wegen ihrer Beliebtheit bei dem Volk hießen sie ›Väter‹ —,

und das Volk hatte er nach seinem und des Tatius Namen und auch nach dem des Lucumo, der als Verbündeter des Romulus in dem Kampf mit den Sabinern gefallen war, in drei Tribus und dreißig Kurien[49] eingeteilt, die er mit den Namen der Frauen versah, die als Jungfrauen von den Sabinern geraubt und nachher als Fürsprecherinnen des Friedens und des Vertrages aufgetreten waren –, zwar war die Einteilung in dieser Form noch zu Lebzeiten des Tatius getroffen worden, doch stützte sich Romulus nach dessen Ermordung noch viel mehr in seiner Regierung auf das Ansehen und den Rat der Väter.

9 (15) Dieses Vorgehen zeigt, daß er auch zum erstenmal Blick und Urteil – vorausgegangen war ihm allerdings Lykurg – dafür hatte, daß Staaten durch eine Einzelherrschaft und durch monarchische Machtbefugnis dann besser gelenkt und regiert werden, wenn der Einfluß der Tüchtigsten sich mit jener absoluten Herrschergewalt verbindet. Und so hat er, auf diesen Staatsrat, der gleichsam einen Senat bildete, gestützt und durch ihn gesichert, aufs glücklichste viele Kriege mit seinen Nachbarn geführt, wobei er für seine Person nicht den geringsten Anteil an der Beute nach Hause geschleppt, wohl aber unablässig seine Mitbürger bereichert hat.

(16) Damals hat Romulus ein Brauchtum in weitestem Umfang einbezogen, an dem wir noch heute festhalten, und zwar zum höchsten Wohl unseres Staates, die Vogelschau. Er persönlich hat ja, was den Ausgangspunkt unseres Gemeinwesens bildete, mit Hilfe der Vogelschau die Stadt gegründet, und wo es immer galt, staatliche Einrichtungen zu treffen, ordnete er aus jeder Tribus einen Augur[50] zur Abhaltung der Vogelschau zu sich ab. Die Plebs hat er in einzelne Klientelschaften des Adels aufgeteilt – welchen Nutzen diese Einteilung in sich schloß, werde ich später sehen –, und er hielt sie durch Verhängung von Strafen, die sich auf die Abgabe von Vieh und Grundbesitz bezogen, nicht durch Anwendung von Gewalt und Strafen an Leib und Leben in Schranken. Davon leitete sich die Bezeichnung ›Viehbesitzer‹ und ›Grundbesitzer‹ ab.

67

10 (17) Als Romulus siebenunddreißig Jahre regiert und diese beiden hervorragenden Stützen des Staates geschaffen hatte, die Vogelschau und den Senat, hat er es soweit gebracht, daß man glaubte, er sei in den Kreis der Götter eingegangen, da er plötzlich nach einer Sonnenfinsternis verschwunden war. Einen solchen Glauben hat für seine Person noch nie ein Sterblicher finden können, es sei denn, daß er sich in seinem Leben den Ruhm einer ganz außerordentlichen Leistung erworben hat. (18) Und dies ist bei Romulus um so bewundernswerter, weil alle übrigen, die aus Menschen Götter geworden sein sollen, in einem Zeitalter gelebt haben, da die Menschen noch weniger aufgeklärt waren. In einem solchen Zeitalter ist ja der primitive Verstand leicht zu Phantasiegebilden geneigt. Man kann da Ungebildete leicht dazu bringen, alles gläubig hinzunehmen. Was aber die Zeit des Romulus betrifft, so sehen wir, daß vor nicht ganz sechshundert Jahren bereits Literatur und Wissenschaften sich eingebürgert hatten und jener alte Irrglaube, der eine Begleiterscheinung der Lebensweise kulturell unentwickelter Menschen bildet, beseitigt war. Denn ist Rom, was sich aus der Durchforschung griechischer Geschichtsschreibung ergibt, im zweiten Jahr der siebten Olympiade[51] gegründet worden, so fiel die Lebenszeit des Romulus in einen Zeitraum, da Griechenland bereits eine Fülle von Dichtern und Musikern aufwies und man schon weniger den Sagen Glauben schenkte, es sei denn, sie bezogen sich auf alte Begebenheiten. Einhundertundacht Jahre nachdem Lykurg mit seiner Gesetzgebung auftrat, wird die erste Olympiade angesetzt, von der manche auf Grund eines Namensirrtums glauben, sie sei eine Einrichtung des gleichen Lykurg[52]. Den Homer aber setzen die, die die geringste Zahl annehmen, etwa dreißig Jahre vor die Zeit des Lykurg. (19) Daraus kann man ersehen, daß Homer sehr viele Jahre früher gelebt hat als Romulus, so daß sich für freie Erdichtung kaum mehr ein Spielraum bot, wo die Menschen bereits über Bildung verfügten und das Zeitalter selbst im Zeichen der Aufklärung stand. Das Altertum nahm ja Fabeln gutgläubig hin, die

manchmal recht plump erdichtet waren. Dieses Zeitalter aber, das bereits über Bildung verfügte und zumal alles Unmögliche verspottete, lehnte die Fabelerzählungen ab.

(20) Hesiod ferner hat zwar viele Generationen nach Homer gelebt, aber es ist eine feststehende Tatsache, daß auch er vor Romulus gelebt hat. Nicht viele Jahre nach der Gründung der Stadt ist Stesichoros geboren, der, wie manche behaupten, sein Enkel von einer Tochter war. In seinem Todesjahr jedoch ist Simonides geboren, und zwar in der sechsundfünfzigsten Olympiade. Um so leichter dürfte man erkennen, daß man an die Unsterblichkeit des Romulus schon zu einer Zeit glaubte, da das menschliche Dasein aus seiner Frühstufe bereits herausgetreten und auf der Grundlage fester Erkenntnis geformt war. Aber, fürwahr, Romulus besaß eine so hohe geistige und sittliche Kraft, daß man in Beziehung auf ihn dem Julius Proculus, einem einfachen Bauern, das glaubte, was die Leute schon viele Jahrhunderte vorher hinsichtlich keines anderen Sterblichen geglaubt hätten: dieser Proculus soll auf Veranlassung · der Väter, um den unleidlichen Verdacht, sie seien an dem Tode des Romulus schuld, von sich abzulenken, in einer Volksversammlung gesagt haben, er habe den Romulus auf dem jetzt Quirinal genannten Hügel erblickt. Von ihm habe er den Auftrag erhalten, das Volk zu bitten, ihm auf diesem Hügel einen Tempel zu errichten. Er sei ein Gott und heiße Quirinus.

11 (21) Seht ihr also: durch die planvolle Leitung eines einzigen Mannes ist nicht nur ein neues Volk entstanden, auch nicht gleichsam in der Wiege wimmernd, sondern in einem Zustand des bereits Erwachsenseins und beinahe Reifseins hinterlassen worden.

Laelius: Ja freilich, wir sehen dies und sehen zugleich, daß du eine neue Methode der Erörterung eingeschlagen hast, wie man sie nirgends in den griechischen Büchern findet. Denn jener Meister[53], den in der schriftlichen Darstellung niemand übertroffen hat, hat sich selbst einen Bauplatz genommen, um auf ihm ein Staatsgebäude eigener Prägung zu errichten, ein zwar herrliches vielleicht, das aber der

Wirklichkeit menschlichen Lebens und menschlicher Sitten weit fern liegt, (22) während die übrigen Staatstheoretiker über die Gattungen und Grundlagen der Staatsverfassungen sich in bloßen Erörterungen ergingen, ohne daß sie sich zu einem bestimmten Idealbild eines Gemeinwesens bekannten.

Ich habe den Eindruck, daß du im Begriff bist, beiden Forderungen gerecht zu werden. Denn du hast einen Weg eingeschlagen, bei dem du deine eigenen Forschungsergebnisse lieber anderen zuweisest, anstatt sie als eigenes Gebilde in Anspruch zu nehmen, entsprechend der Rolle des Sokrates bei Platon. Dabei führst du jene Maßregeln, die hinsichtlich der Lage der Stadt von Romulus zufällig oder notgedrungen getroffen worden sind, auf einen überlegten Plan zurück, und endlich verliert sich deine Erörterung nicht in ein planloses Gerede, sondern bleibt fest in dem *einen* Staatswesen verankert.

Darum fahre fort, wie du begonnen hast! Es kommt mir ja so vor, als ob ich bereits gleichsam das Bild einer vollkommenen Staatsverfassung erblicke, wenn du noch eine Schilderung der übrigen Könige gibst.

12 (23) *Scipio:* Also, jener Senat des Romulus bestand aus Optimaten, und diesen hatte der König selbst so viel Einfluß beigemessen, daß er sie als ›patres‹ und ihre Söhne als ›patricii‹ bezeichnet wissen wollte. Als nun dieser Senat nach des Romulus Tod versuchte, selbst, ohne einen König, den Staat zu lenken, da ertrug dies das Volk nicht, vielmehr forderte es in der Folge unablässig, weil es den Romulus vermißte, einen König. Dabei dachten sich jene führenden Männer in kluger Weise ein neues, bei den übrigen Völkern unerhörtes Verfahren in der Form eines Interregnums aus, damit bis zu der Ernennung eines bestimmten Königs der Staat überhaupt nicht ohne einen König sei und auch nicht lange unter einem einzigen König stehe. Man wollte es nicht dahin kommen lassen, daß einer im Gefühl seiner verwurzelten Herrschermacht zu zögernd sich zur Niederlegung seiner Regierungsgewalt verstehe oder im Bewußtsein seiner zu großen Sicherheit diese nicht aus den Händen gebe.

(24) So neu dieses Volk auch damals war, so sah es doch, was dem Lacedaemonier Lykurg entging, der die Erwählung eines Königs ablehnte – falls Lykurg überhaupt die Befugnis hatte, darüber zu entscheiden – und der Auffassung war, man müsse sich mit einem König abfinden, wie er auch immer sein möge, wenn er nur dem Stamme des Herkules entsprossen sei. Unsere Vorfahren also, die damals noch einfache Bauern waren, sahen, daß man nach königlicher Tüchtigkeit und Weisheit, nicht nach königlicher Abstammung fragen müsse.

13 (25) Da nun, wie die Sage berichtete, Numa Pompilius diese erforderlichen Eigenschaften in hervorragendem Maße besaß, so holte sich das Volk selbst unter Übergehung seiner Mitbürger auf Veranlassung der Väter einen König aus fremdem Stamme. Und zwar berief es auf den Thron nach Rom einen Sabiner aus Cures. Sobald dieser dorthin gekommen war, brachte er, obwohl ihn das Volk in den Curiatkomitien[54] zum König erhoben hatte, dennoch über seine Regierungsbefugnis ein Curiatgesetz ein. Wie er sah, daß die römischen Menschen auf Grund der Staatsordnung des Romulus sich mit brennendem Eifer kriegerischer Betätigung verschrieben hatten, glaubte er, man müsse sie ein wenig von dieser eingefleischten Neigung abbringen.

14 (26) Fürs erste verteilte er die von Romulus im Krieg eroberten Landgebiete Mann für Mann unter seine Bürger und belehrte sie, daß sie, ohne zu plündern und ohne Beute zu machen, durch Bebauung des Landes an allen möglichen Gütern des Lebens Überfluß haben könnten. So flößte er ihnen die Liebe zu friedlicher Ruhe ein, in deren Zeichen am ehesten Gerechtigkeit und Treu und Glauben erstarkt und unter deren Schutz und Schirm der Ackerbau und die Ernte der Feldfrüchte am sichersten vor sich geht. Pompilius war es auch, der die ›größeren Auspizien‹ erfand und zu der bisherigen Zahl der Augurn noch zwei hinzufügte. Die Leitung des Gottesdienstes übertrug er fünf Priestern, die er aus dem Kreis der vornehmsten Männer nahm; die infolge der aufgestellten Gesetze, die wir noch auf Denk-

71

mälern erhalten haben, gewohnheitsmäßig von Kriegslust
entflammten Bürger stimmte er durch kultische Feiern zu
friedfertiger Gesinnung um. Außerdem fügte er noch die
Opferpriester[55], die Priesterschaft der Salier und der Vesta-
lischen Jungfrauen hinzu und setzte für alle Gebiete des
Kultes unverbrüchlich heilige Formen fest. (27) Was aber
den Gottesdienst selbst betrifft, so wollte er auf der einen
Seite, daß er peinlich genau beachtet werde, aber auf der
anderen Seite der äußere Aufwand leicht zu bestreiten sei.
Denn was auswendig zu lernen und was genau zu beachten
war, das nahm in seinen Anordnungen einen breiten Raum
ein, aber erforderte keine Kosten. So machte er zwar die
Pflege der religiösen Gebräuche zu einer mühevollen Angelegenheit, beseitigte aber dabei kostspieligen Aufwand. Er
erfand auch den Marktverkehr, die Abhaltung von Spielen
und alle möglichen Veranlassungen zu Versammlungen und
zu festlichen Zusammenkünften. Durch diese Einrichtungen
führte er die bereits infolge ihrer kriegerischen Neigungen
wilder Unmenschlichkeit Verfallenen zu duldsamer Menschlichkeit zurück. Als er so neununddreißig Jahre als König
regiert hatte – wir wollen dabei in erster Linie unserem
Polybius folgen, dem sorgsamsten Erforscher chronologi-
scher Fragen, den es gegeben hat –, schied er aus dem Leben:
sein Lebenswerk war die feste Begründung der beiden hervorragendsten Stützen für ein dauerhaftes Gemeinwesen,
Gottesverehrung und Duldsamkeit.

15 (28) *Manilius:* Ist es der Wahrheit entsprechend überliefert, Africanus, dieser König Numa sei ein Schüler des
Pythagoras selbst oder wenigstens ein Pythagoreer gewesen?
Oft haben wir ja dies von Älteren gehört, und wir sind uns
bewußt, daß dies die allgemeine Ansicht ist. Aber wir sehen
nicht, daß dies durch die gewichtige Zeugenschaft der öffentlichen Jahrbücher[56] hinlänglich erwiesen ist.

Scipio: Es ist dies ja, Manilius, in seinem ganzen Umfang
falsch und beruht nicht nur auf bloßer Erdichtung, sondern
auch auf ungereimter, geschmackloser Erdichtung. Das erst
sind ja unerträgliche Lügen, die offensichtlich nicht auf freier

Erfindung, sondern auf Unmöglichkeiten beruhen. Denn es stellt sich heraus, daß, als schon L. Tarquinius Superbus[57] im vierten Regierungsjahr stand, Pythagoras nach Sybaris und Croton und in die dortigen Gebiete Italiens gekommen ist. Denn diese selbe zweiundsechzigste Olympiade tut doch deutlich den Regierungsantritt des Superbus und die Ankunft des Pythagoras kund. (29) Hieraus kann man bei der Berechnung der Jahre des Königtums erkennen, daß etwa einhundertundvierzig Jahre nach dem Tode des Numa das erste Auftreten des Pythagoras in Italien anzusetzen ist. Und darüber hat unter denen, die gründlichst die Jahrbücher durchstudiert haben, nie irgendein Zweifel geherrscht.

Manilius: Ihr unsterblichen Götter! Was ist dies doch für ein großer tiefeingewurzelter Irrtum! Und doch nehme ich leichthin die Behauptung auf mich, daß die Bildung, über die wir verfügen, nicht auf Grundlagen beruht, die über das Meer zu uns kamen und importiert werden mußten, sondern auf unserer angestammten, eigenständigen Tüchtigkeit.

16 (30) *Scipio:* Und doch wirst du dies noch viel leichter erkennen, wenn du siehst, wie das Gemeinwesen sich auf natürlichem Weg und in natürlichem Verlauf zu einem bestmöglichen Zustand entwickelt hat. Ja sogar – du wirst dies feststellen –, eben darin ist die Weisheit der Vorfahren zu loben, daß – eine Erkenntnis, der du dich nicht verschließen wirst – vieles, was auch von anderswoher gekommen ist, bei uns sich viel besser entwickelt hat, als es in seinem Ursprungsland gewesen ist, von wo es zu uns hieher gebracht wurde und wo es zum erstenmal in Erscheinung trat. Du wirst weiter die Erkenntnis gewinnen, daß die Erstarkung des römischen Volkes nicht einem zufälligen Geschehen, sondern einer planvollen Leitung und einer zuchtvollen Haltung zu verdanken ist, wobei ihm allerdings das Glück nicht abhold war.

17 (31) Nach dem Tode des Königs Pompilius wählte das Volk auf Antrag des Zwischenkönigs den Tullus Hostilius in den Curiatkomitien zum König. Er befragte nach dem Vorgang des Pompilius das Volk in einer Curiatabstimmung

über seine Herrscherbefugnis. Auf dem Gebiet des Kriegs-
wesens genoß er hervorragenden Ruhm, und er konnte auch
bedeutende kriegerische Erfolge erzielen. Er war es auch,
der von dem Ertrag der Kriegsbeute Comitium[58] und Forum
erbaute und sie mit einer Umfriedung versah. Er stellte eine
Rechtsnorm auf, nach der Kriege erklärt werden sollten, und
dieser an sich schon auf höchster Gerechtigkeit sich gründen-
den Einrichtung gab er den religiösen Rückhalt durch den
Kult der Fetialen[59] in der Form, daß jeder Krieg, der nicht
feierlich angekündigt und angesagt war, für ungerecht und
gottlos erklärt wurde. Und damit ihr darauf achtet, wie
weise schon unsere Könige erkannt haben, daß man gewisse
Rechte dem Volke einräumen müsse – viel werde ich ja über
dieses Gebiet noch zu sagen haben –, so wißt, daß Tullus
nicht einmal die königlichen Abzeichen zu tragen gewagt hat,
es sei denn auf Geheiß des Volkes. Er hat sich ja auch ausdrücklich vom Volk die Genehmigung geben lassen, daß die
zwölf Liktoren mit ihren Rutenbündeln ihm vorausgehen ...

(32) *Über Tullus Hostilius freilich, den dritten König
nach Romulus, der gleichfalls durch einen Blitz hinwegge-
rafft worden ist, sagt in denselben Büchern der gleiche Cicero, man habe deshalb nicht geglaubt, auch jener sei durch
einen solchen Tod unter die Götter aufgenommen worden,
weil die Römer vielleicht den Glauben, den man bei Romulus gebilligt, d. h. dem Volk beigebracht hatte, nicht verall-
gemeinern, d. h. entwerten wollten, wenn dieser auch auf
einen zweiten leichthin übertragen würde.* (Aug. civ. III 15)

(33) *Laelius* (?): ... Es schleicht ja nicht, sondern eilt
geradezu im Fluge der Staat zur höchsten Stufe der Voll-
kommenheit, so wie du ihn in deinem Vortrag schilderst.
Scipio: Nach ihm wurde der Tochtersohn des Numa Pompilius Ancus Marcius als König eingesetzt. Auch er brachte
ein curiatisches Gesetz ein über seine Regierungsbefugnis.
Als er die Latiner in einem Krieg niedergeworfen hatte,
nahm er sie in die staatliche Gemeinschaft auf. Er bezog auch

den Aventin und den Caelischen Berg in den Stadtbereich ein, verteilte die eroberten Ackerfluren, führte die am Meer gewonnenen Wälder sämtlich in Staatsbesitz über und gründete an der Mündung des Tiber eine Stadt, die er durch Ansiedler sicherte. Als er so dreiundzwanzig Jahre als König regiert hatte, starb er.

Laelius: Auch dieser König verdient Lob. Aber hier findet sich eine dunkle Stelle in der Geschichte Roms, sofern wir zwar die Mutter dieses Königs haben, aber nicht seinen Vater kennen.

Scipio: Ja, so ist es. Aber aus jenen Zeiten sind in der Regel nur die Namen der Könige ins helle Licht der Überlieferung getreten.

19 (34) Aber zu dieser Zeit scheint zum erstenmal der Staat eine höhere Stufe der Bildung gleichsam durch eine eingepflanzte Wissenschaft erreicht zu haben. Denn nicht nur ein schmales, dünnes Bächlein floß aus Griechenland in diese unsere Stadt, sondern ein in vollen Wogen daherströmender Fluß der dortigen Wissenschaften und Künste. Es hat, wie man berichtet, ein Korinther Demarat gelebt, der unstreitig an Ehre, Ansehen und äußeren Glücksgütern der erste in seinem Staate war. Da er den korinthischen Tyrannen Cypselos nicht hatte ertragen können, soll er unter Mitnahme von viel Geld geflohen sein und sich nach Tarquinii, der blühendsten Stadt Etruriens, begeben haben. Als er nun hörte, daß die Herrschaft des Cypselos sich festige, da gab dieser freisinnige, tapfere Mann sein Vaterland ganz auf, wurde von den Einwohnern von Tarquinii als Bürger aufgenommen und schlug in dieser Stadtgemeinde sein Heim und seinen Wohnsitz auf. Dort erzeugte er mit seiner einheimischen Ehefrau zwei Söhne, denen er eine allseitige, griechische Bildung angedeihen ließ ...[60]

20 (35) Er war also ohne Schwierigkeiten als Bürger aufgenommen worden. Wegen seiner hohen Bildung und seiner Gelehrsamkeit wurde er ein so enger Freund des Königs Ancus, daß man glaubte, er sei an allen seinen Entschließungen beteiligt und geradezu sein Mitregent. Zudem verfügte

er über ein ebenso hohes Maß von Leutseligkeit wie menschlicher Güte, mit der er allen Mitbürgern Unterstützung, Hilfe, Rechtsschutz und auch reichliche Spenden zukommen ließ. So wurde nach dem Tode des Marcius mit allen Stimmen des Volkes Lucius Tarquinius zum König gewählt. In diese Form hatte er seinen Namen aus einem griechischen umgebogen, um den Anschein zu erwecken, als ob er auf jedem Gebiet den Brauch dieses unseres Volkes nachgeahmt habe. Er brachte einen Gesetzesantrag über seine Regierungsbefugnis ein, und gleich darauf zu Beginn seiner Herrschaft verdoppelte er jene frühere Zahl der Väter. Die alten nannte er ›Väter der älteren Geschlechter‹ und fragte sie bei Abstimmungen zuerst um ihre Meinung, die von ihm neu hinzugezogenen nannte er ›Väter der jüngeren Geschlechter‹.

(36) Darauf gab er dem Ritterstand die Gliederung, die er bis heute beibehalten hat. Trotz seinem Wunsche vermochte er die Namen Titienses, Rhamnes, Luceres nicht zu verändern, weil sich ihm dabei der hochberühmte Augur Attus Navius nicht mit seinem maßgebenden Einfluß zur Verfügung stellte. Übrigens haben, wie ich sehe, auch die Korinther sich einstmals ernstlich bemüht, mit Hilfe von Abgaben, die kinderlose Männer und unverheiratete Frauen zu entrichten hatten, Staatspferde zu unterhalten und zuzuweisen. – Aber trotzdem brachte er es dadurch, daß er den ersten Ritterabteilungen eine zweite Gruppe folgen ließ, auf die Zahl von zwölfhundert, was eine Verdoppelung bedeutete. Darauf unterwarf er in einem Kriege den großen, wilden Volksstamm der Äquer, der die Macht des römischen Volkes bedrohte. Er schlug auch die Sabiner von den Mauern Roms zurück, zerstreute sie durch den Einsatz seiner Reiterei und besiegte sie in dem Kriege gänzlich. Wir haben vernommen, daß er auch als erster die ›Großen Spiele‹, die den Namen ›Römische‹ erhielten, eingerichtet hat und dem Iuppiter Optimus Maximus auf dem Kapitol den Bau eines Tempels im Sabinerkrieg, und zwar mitten in der Schlacht, gelobt hat, und endlich, daß er nach einer Regierungszeit von achtunddreißig Jahren gestorben ist.

21 (37) *Laelius:* Jetzt tritt mir das Wort Catos klarer ins Bewußtsein, die Errichtung eines Staatswesens sei weder eine Frage einer einzigen Zeitspanne noch eines einzigen Menschen. Es ist ja ohne weiteres ersichtlich, welcher Zuwachs an vortrefflichen und nützlichen Dingen auf jeden einzelnen König fällt. Aber nun kommt der, der, wie mir scheint, von allen in staatlichen Fragen den umfassendsten Blick gehabt hat.

Scipio: Gewiß! Nach der Überlieferung hat als erster nach ihm Servius Tullius ohne Geheiß des Volkes den Thron bestiegen. Er soll ja der Sohn einer Sklavin aus Tarquinii und sein Vater ein Höriger des Königs gewesen sein. Er wurde bei dem Gesinde erzogen und, als er bei der königlichen Tafel aufwartete, da blieb der Funke seines Geistes, der schon damals bei dem Knaben hervorleuchtete, nicht verborgen. So gewandt benahm er sich bei jeder Dienstleistung oder bei jeder Unterhaltung. Und so bewies Tarquinius, dessen Kinder damals noch recht klein waren, dem Servius in einer Weise seine Wertschätzung, daß dieser allgemein als sein Sohn betrachtet wurde, und in seiner liebevollen Hingabe ließ er ihn in all den Wissenschaften unterrichten, mit denen er selbst sich vertraut gemacht hatte, und führte ihn so zu der auserlesensten Bildung griechischer Prägung.

(38) Tarquinius war durch einen Anschlag der Söhne des Ancus ums Leben gekommen, und nach ihm hatte, wie ich oben gesagt habe, Servius den Thron bestiegen, ohne förmliches Geheiß, aber mit Einwilligung und mit Zustimmung der Bürgerschaft. Als man nämlich fälschlich behauptete, Tarquinius sei infolge einer Verwundung nur krank und noch am Leben, hatte er im königlichen Ornat Recht gesprochen, Schuldner mit seinem Geld freigekauft und dank seiner weitgehenden Leutseligkeit der Bürgerschaft den Glauben beigebracht, er spreche auf Befehl des Tarquinius Recht. Da machte er sich nun nicht von den Vätern abhängig, sondern befragte nach der Beisetzung des Tarquinius das Volk über seine Person. Erst als seine Thronbesteigung gutgeheißen war, brachte er ein Curiatgesetz ein über die Ausübung

77

der regierenden Gewalt. Die erste Regierungshandlung war ein Krieg, in dem er die Gewalttaten der Etrusker sühnte ...[61]

22 (39) ... aus der höchsten Vermögensklasse bildete er achtzehn Centurien. Dann sonderte er eine große Zahl von Rittern aus der Gesamtmasse des Volkes aus, teilte den Rest des Volkes in fünf Klassen auf, schied dabei die Älteren von den Jüngeren[62] und führte die Einteilung der fünf Klassen so durch, daß bei der Abstimmung nicht die große Masse, sondern die Wohlhabenden den Ausschlag gaben. Damit beugte er dem Zustand vor, daß das Übergewicht bei der Überzahl steht, ein Grundsatz, an dem man immer im Staatsleben festhalten muß. Diese Einrichtung würde von mir näher erläutert werden, wenn sie euch unbekannt wäre. Nun ergibt sich, wie ihr seht, folgende Rechnung:

1. Die Rittercenturien zusammen mit den 6 Stimmen und die erste Vermögensklasse nebst der Centurie, die zum größten Nutzen der Stadt den Zimmerleuten zugestanden wurde, umfassen 89 Centurien.

2. Wenn sich diesen aus den 104 Centurien – so viele sind nämlich übrig – nur 8 anschließen, so ist zusammengerechnet die ausschlaggebende Mehrheit des Volkes hergestellt. Die übrige Menge, die mit ihren 96 Centurien zahlenmäßig viel größer ist, würde weder von der Abstimmung ausgeschlossen – dies wäre ja ein Zeichen hochfahrender Einstellung –, noch würde sie ein zu großes Gewicht haben, was eine Gefahrenquelle bilden würde.

(40) Dabei ging er mit seinen Worten und selbst mit den Bezeichnungen achtsam um. Während er die Grundeigentümer ›assidui‹[63] nannte, weil sie die Steuern mit dem ›as‹ bezahlten, gab er denen, die entweder nicht mehr als 1500 Asse oder überhaupt nichts weiter als ihre Person für ihre steuerliche Erfassung mitbrachten, den Namen ›proletarii‹, was bezeichnen sollte, daß man von ihnen gleichsam nur die ›proles‹, d. h. sozusagen den Nachwuchs, der Bürgerschaft zu erwarten schien. Aber bei jenen 96 Centurien wurden, damals wenigstens, mehr Köpfe in einer einzigen Centurie ge-

zählt als fast in der ganzen ersten Klasse. So wurde auf der einen Seite niemand an der Ausübung seines Stimmrechtes gehindert, auf der anderen Seite hatte die Stimme dessen am meisten Gewicht, der an dem besten Zustand des Staates das größte Interesse hatte . . .[64]

23 (41) *Meine Ansicht geht dahin, daß der Staat die beste Verfassung hat, der aus den drei Elementen, dem monarchischen, dem oligarchischen und dem demokratischen gleichmäßig gemischt ist und nicht durch Bestrafung unmenschlichen, wilden Sinn aufreizt.* (Non. p. 342, 39)

(42) *Scipio:*[65] . . . 65 Jahre älter als Rom ist Karthago, weil es 39 Jahre nach der ersten Olympiade gegründet worden war. Und der uralte Lykurg hatte so ziemlich die gleiche Ansicht. Deshalb war, wie mir scheint, dieses Ausgewogensein einer aus den drei Grundformen gemischten Verfassung uns mit jenen Völkern gemeinsam. Worin aber die unvergleichlich herrliche Besonderheit unserer Verfassung besteht, das will ich, sofern ich es kann, gründlicher behandeln. Diese Besonderheit wird so sein, daß in keinem anderen Staatswesen sich ihresgleichen findet. Denn die einzelnen Bestandteile, über die ich bisher gesprochen habe, waren sowohl in diesem unserem Staate wie in dem der Lacedaemonier und der Karthager so gemischt, daß sie in keiner Weise das richtige Verhältnis zueinander hatten. (43) In einem Staat, in dem irgendein einzelner dauernd die Macht in Händen hat, zumal wenn es sich um eine königliche handelt, mag auch in ihm ein Senat sich befinden – so war es damals zur Königszeit in Rom, so in Sparta auf Grund der lykurgischen Gesetzgebung – und mag es auch noch irgendein Recht des Volkes geben, so hebt sich eben doch jener Name König heraus, und eine solche Staatsform muß unbedingt eine Monarchie sein und auch so genannt werden. Eine solche Staatsform ist aber höchst veränderlich deshalb, weil sie, durch den Mißgriff eines einzelnen gestürzt, in die verderblichste Form umschlägt. Denn eine monarchische Verfassung

79

ist an sich nicht nur nicht zu tadeln, sondern vielleicht den übrigen einfachen weit vorzuziehen – sofern ich überhaupt irgendeine einfache Staatsform billigen würde –, aber nur so lange, als sie ihre feste Form beibehält. Diese ist aber dadurch gekennzeichnet, daß die mit Gerechtigkeit und Weisheit auszuübende Machtbefugnis beständig in der Hand eines einzelnen liegt und so Wohlfahrt, Gleichheit und friedliche Ruhe der Bürgerschaft verbürgt wird. Überhaupt fehlt einem monarchisch regierten Volk vieles, insbesondere die Freiheit, die nicht darin begründet ist, daß wir einen gerechten, sondern daß wir überhaupt keinen Herrn über uns haben . . .[63]

24 (44) *Scipio:* Denn jenem ungerechten, schroffen Herrn stand eine Zeitlang das Glück zur Seite. Im Krieg warf er das ganze Latium nieder und eroberte das reiche, wohlhabende Suessa Pometia. Dann löste er, durch eine gewaltige Beute an Gold und Silber bereichert, das Gelübde seines Vaters ein und erbaute das Kapitol. Er legte Pflanzstädte an und schickte entsprechend den Gebräuchen seiner Vorfahren herrliche Geschenke, gleichsam als Opfergaben, aus der Beute nach Delphi an Apollo.

25 (45) An dieser Stelle nun wird jener Kreislauf einsetzen, den ihr gleich bei seinem Beginn als eine natürliche Bewegung und als einen periodischen Umlauf kennenlernen sollt. Das ist ja der Höhepunkt politischer Einsicht, um die sich dieser mein ganzer Vortrag dreht, wenn man die verschlungenen Wege staatlichen Geschehens sieht, um mit dem Wissen um Weg und Richtung, die der Einzelfall nimmt, die Möglichkeit zu verbinden, sich als aufhaltende und gegenwirkende Kraft einzuschalten. Denn jener König, von dem ich rede, hatte sich zuerst mit der Ermordung des trefflichsten Königs befleckt, weshalb er kein reines Gewissen hatte, und da er seinerseits schwerste Bestrafung für sein Verbrechen fürchtete, wollte er selbst gefürchtet sein. Dann verfiel er, auf seine Siege und seinen Reichtum pochend, in maßlosen Übermut. Er konnte nicht mehr sein eigenes Wesen lenken, geschweige denn die Ausschweifungen seiner Angehörigen zügeln.

(46) Als daher sein älterer Sohn der Lucretia, die eine Tochter des Tricipitinus und die Gattin des Collatinus war, Gewalt angetan und die züchtige, edle Frau sich wegen dieser Gewalttat selbst mit dem Tode bestraft hatte, da befreite der an Geist und Mannestüchtigkeit hervorragende L. Brutus seine Mitbürger von diesem ungerechten, drückenden Joch der Knechtschaft. Er war zwar nur Privatmann, aber doch nahm er die ganze Last der Staatsführung auf seine Schultern, und er war der erste, der zeigte, daß es in diesem unserem Staate keinen Privatmann gibt, wenn es um die Wahrung der Freiheit der Bürger geht. Er war die treibende Kraft, daß sich unter seiner Führung die Bürgerschaft erhob, und da zu dieser frischen Klage des Vaters der Lucretia und ihrer Verwandten sich die Erinnerung an den Hochmut des Tarquinius und an die vielen Gewalttaten, die er und seine Söhne sich geleistet hatten, gesellte, erließ die Bürgerschaft die Anordnung, daß der König selbst, seine Kinder und das ganze Tarquiniergeschlecht als Verbannte gelten sollen.

26 (47) Seht ihr also, wie aus dem König ein Gewaltherrscher geworden ist und wie sich durch das fehlerhafte Verhalten einer Einzelperson die Staatsform aus einer guten in die abscheulichste verwandelt hat? Denn in diesem Fall handelt es sich ja um einen Zwingherrn des Volkes, der in der griechischen Bezeichnung ›Tyrann‹ heißt. Unter König wollen sie ja einen Mann verstanden wissen, der wie ein Vater für sein Volk sorgt und für die, die er zu führen hat, möglichst gute Lebensbedingungen sichert, und das ist wahrhaftig eine gute Staatsform, die aber doch auch eine Neigung und sozusagen eine Bereitschaft zeigt, in die verderblichste Form abzuleiten. (48) Sobald dieser König sich von der Grundlage des Rechtes gelöst hat und in die Bahn des Despotentums eingebogen ist, wird er ohne Übergang zum Tyrannen, und dies ist das abscheulichste und häßlichste, Göttern und Menschen verhaßteste Lebewesen, das man sich ausdenken kann. In seinem äußeren Erscheinungsbild stellt es zwar einen Menschen dar, aber sein Wesen ist so unmensch-

lich, daß es selbst die wildesten Tiere in Schatten stellt.
Denn wer dürfte entsprechend den üblichen Begriffen den
als einen Menschen bezeichnen, der mit seinen eigenen Mitbürgern, ja schließlich mit dem ganzen Menschengeschlecht
keine Rechtsgemeinschaft, keine auf echter Menschlichkeit
sich gründende Verbundenheit haben will? Aber wir werden
auf diese Sorte von Menschen an anderer, passenderer Stelle
noch zu sprechen kommen, wenn mich der Gang der Erörterung dazu führt, gegen die mich zu wenden, die sogar in
einer bereits die Freiheit genießenden Bürgerschaft ihre des-
potischen Bestrebungen nicht lassen konnten.

27 (49) Hier habt ihr also den ersten Ausgangspunkt eines
Tyrannen. Damit wollten ja die Griechen einen ungerechten
König bezeichnen. Unsere Sprache allerdings hat alle die
Könige genannt, die allein über eine in ihrer Dauer unbe-
schränkte Macht gegenüber ihren Völkern verfügten. Und
so sagte man von Spurius Cassius, M. Manlius und Spurius
Maelius, sie hätten den Königsthron besteigen wollen, und
erst kürzlich . . .[67]

28 (50) *Scipio:* . . . Lykurg nannte in Sparta den Rat der
Alten, den er allerdings zahlenmäßig allzusehr auf nur acht-
undzwanzig Männer einschränkte. Er wollte, daß sie den
obersten Staatsrat bilden, während die höchste ausübende
Gewalt in den Händen des Königs liegen sollte. In der Folge
schlossen sich eben diesem Vorgang auch die Unsrigen an und
übertrugen ihn, indem sie denjenigen, die Lykurg die Alten
nannte, die Bezeichnung ›Senat‹ gaben, wie wir es ja schon
von Romulus mit seiner Auswahl der Väter berichtet haben.
Doch erhebt sich und ragt darüber hinaus die Wesensbedeu-
tung, die Machtbefugnis und der Name des Königs. Teile
immerhin auch dem Volk ein gewisses Maß von Freiheit zu,
wie es Lykurg und Romulus getan haben, nie wirst du seinen Freiheitsdurst stillen, sondern im Gegenteil seine Be-
gierde nach Freiheit erst recht entfachen, wenn du ihm auch
nur die Möglichkeit gibst, von ihr zu kosten. Die Furcht
wird immer darüber schweben, es möchte, wie es meistens
geschieht, ein Ungerechter sich zum König erheben. Es steht

also auf brüchiger Grundlage das Schicksal eines Volkes, das, wie oben gesagt, sich auf den Willen oder den Charakter eines einzelnen gründet.

29 (51) Daher mag diese äußere Form und Erscheinung und dieser Ursprung eines Tyrannen zuerst von uns in dem von Romulus mit Hilfe der Vogelschau gegründeten Gemeinwesen erfunden sein, nicht in jenem, das, wie Platon geschrieben hat, Sokrates sich selbst in dem bekannten Gespräch »Über den Staat« ausgemalt hat. So sollt ihr denn sehen, wie Tarquinius nicht eine neue Machtbefugnis erlangt, sondern von der in seinen Händen befindlichen einen ungerechten Gebrauch gemacht und dadurch diese ganze Gattung eines monarchischen Staatswesens zugrunde gerichtet hat. Ihm sei sein Gegenbild gegenübergestellt, der gute, weise, sich auf den Nutzen und die Würde der Bürgerschaft verstehende Regent, gleichsam der Vormund und Verwalter des Gemeinwesens. So nämlich möge genannt werden, wer immer der Leiter und Lenker einer Bürgerschaft sein wird! Das Bild dieses Mannes soll in euer Bewußtsein treten; er ist es ja, der mit Rat und Tat die Bürgerschaft zu schützen vermag. Weil jedoch dieser Name in unserer Sprache weniger abgenutzt ist und weil diese Menschengattung in dem restlichen Teil des Vortrags öfters von uns behandelt werden muß, so ...[68]

30 (52) *Scipio:* (Platon) baute ein Staatswesen auf, das eher ein Wunschbild als eine reale Hoffnung darstellte, und zwar in einem möglichst kleinen Rahmen. Dieses hatte nicht die Möglichkeit eines tatsächlichen Bestandes, sondern diente nur der gründlichen theoretischen Schau staatspolitischer Fragen. Ich aber will, wenn ich nur mein Ziel erreichen kann, nach denselben Grundsätzen, die er erschaute, aber nicht an dem Schattenbild eines Staates, sondern an der Wirklichkeit des bedeutendsten Gemeinwesens mich bemühen, den Eindruck zu erwecken, daß ich die Ursache jeder einzelnen guten oder schlechten Erscheinung des öffentlichen Lebens wie mit einem Zauberstabe berühre. Denn als jene 240 Jahre der Königszeit – mit den Zwischenkönigen sind es noch etwas

mehr – vorüber waren und Tarquinius vertrieben war, da war das römische Volk von einer tiefen Abneigung gegen den Namen König beseelt, die in ihrem Ausmaß seiner Sehnsucht nach dem Hinscheiden oder vielmehr nach dem Fortgang des Romulus entsprach. Wie es also damals einen König nicht entbehren konnte, so konnte es nach der Vertreibung des Tarquinius den Namen ›König‹ nicht hören ...[69]

31 (53) *Als daher jene vortreffliche Staatsordnung des Romulus etwa 240 Jahre ihren sicheren Bestand gehabt hatte ...*   (Non. p. 526, 10)

Daher rührt es, daß sie, königliche Zwingherrschaft nicht ertragend, sich jährlich wechselnde Befehlsgewalten schufen und je zwei Inhaber dieser Gewalt aufstellten, welche Konsuln genannt wurden von der Tätigkeit des consulere (= sorgen), nicht Könige oder Herren vom König- oder vom Herrsein.   (Aug. civ. V 12)

Scipio: ... jenes ganze Gesetz[70] ist aufgehoben worden. In dieser Gesinnung haben damals unsere Vorfahren den Collatinus trotz seiner Unschuld, lediglich weil er wegen seiner Blutsverwandtschaft Argwohn erregte, und auch die übrigen Tarquinier, weil ihr Name Anstoß erregte, verbannt. Dieselbe Gesinnung war es auch, in der P. Valerius als erster die Rutenbündel zu senken befahl, als er in der Volksversammlung mit seiner Rede begonnen hatte, und auch sein Haus an den Fuß der Velia verlegte, als er merkte, daß er den Argwohn des Volkes errege, weil er auf einem höhergelegenen Punkt der Velia gerade da, wo der König Tullus gewohnt hatte, mit dem Bau angefangen hatte. Auch brachte er – worin er sich in besonderem Maß als ›Publicola‹ erwies – das Gesetz bei dem Volk ein – das erste, das in den Centuriatcomitien vorgelegt wurde –, es solle kein Beamter einen römischen Bürger entgegen seiner Berufung töten oder körperlich züchtigen.

(54) Daß aber das Berufungsrecht sogar von der Königs-

zeit her stammte, das zeigen die Priesterbücher[71] an und lassen auch unsere Auguralbücher erkennen. Ebenso weisen die Zwölftafeln[72] in mehreren Gesetzen darauf hin, daß es möglich war, gegen jedes Urteil und gegen jede Strafe Berufung einzulegen. Und wenn überliefert ist, daß die Dezemvirn, die die Gesetze abgefaßt haben, unter Ausschluß einer Berufung gewählt worden seien, so weist dies zur Genüge darauf hin, daß bei den übrigen Beamten eine Berufungsmöglichkeit bestanden hat. Das konsularische Gesetz des Lucius Valerius Potitus und M. Horatius Barbatus, die beide um der menschlichen Eintracht willen in weisem Maßhalten ihre demokratische Politik betrieben, bestimmte, es solle kein Staatsbeamter gewählt werden, gegen den man nicht Berufung einlegen könne. Die Porcischen Gesetze aber, die, wie ihr wißt, drei an Zahl von drei Porciern stammen, brachten nichts Neues hinzu außer einen besonderen Strafartikel.

(55) Deshalb ließ Publicola, als jenes Gesetz über die Berufung durchgegangen war, sogleich die Beile aus den Rutenbündeln herausnehmen. Am folgenden Tag ließ er sich den Sp. Lucretius als Amtsgenossen hinzuwählen und seine Liktoren zu ihm als dem Älteren übertreten. Auf ihn ist auch die Einrichtung zurückzuführen, daß in monatlichem Wechsel die Liktoren immer nur einem Konsul vorausgehen, damit nicht mehr Abzeichen der vollziehenden Gewalt in einem freien Volk sich finden, als es unter der Königsherrschaft gegeben hatte. Nach meiner Erkenntnis sicherlich ragte dieser Mann weit über den Durchschnitt hinaus, er, der dem Volk eine maßvolle Freiheit zubilligte und dadurch leichter den maßgebenden Einfluß der führenden Männer aufrechterhielt. Doch bete ich euch nicht diese so alten und so alltäglichen Geschichten jetzt grundlos vor. Vielmehr an hervorragenden Einzelpersönlichkeiten und hervorstechenden Zeiten lege ich das Beispielhafte in menschlicher und sachlicher Beziehung fest. Darauf soll sich mein übriger Vortrag richten.

32 (56) In dieser festen äußeren Form hielt also der Senat das Gemeinwesen in jenen Zeiten. Und zwar war die Lage so, daß trotz seiner errungenen Freiheit das Volk nur geringe

Befugnisse ausübte, während die wesentliche politische Betätigung in den Händen des Senats lag, und zwar auf der Grundlage seines Ansehens und der durch das Herkommen sanktionierten Einrichtung. Ferner hatten die Konsuln eine Amtsbefugnis, die, zeitlich gesehen, lediglich auf ein Jahr beschränkt war, während diese ihrem eigentlichen Wesen und ihrer rechtlichen Grundlage nach eine monarchische war. Was aber von ausschlaggebender Bedeutung für die Aufrechterhaltung der Adelsmacht war, daran hielt man zäh fest: die Beschlüsse der Volksversammlung sollten erst dann Gültigkeit haben, wenn sie das zustimmende Gutachten des Senats gefunden hätten. Und in eben diese Zeiten fällt auch die Einrichtung der Diktatur, etwa zehn Jahre nach dem ersten Konsuln, mit der Ernennung des T. Larcius. Diese Art einer Befehlsgewalt erschien neuartig und sich ganz nahe an die monarchische anzugleichen. Aber trotzdem hielt die Führungsschicht dank ihrem uneingeschränkten Ansehen die gesamte Staatsleitung fest in ihren Händen, und das Volk fügte sich. In jenen Zeiten sind große Kriegstaten von tapfersten Männern, denen höchste Befehlsgewalt übertragen war, von Diktatoren und Konsuln, ausgeführt worden.

33 (57) Aber, was eine zwangsläufige natürliche Entwicklung war, das von der Königsherrschaft erlöste Volk nahm für sich etwas mehr Recht in Anspruch und setzte dies nach nicht langer Zeit durch, etwa 16 Jahre später unter dem Konsulat des Postumus Cominius und Sp. Cassius. Dabei könnte man vielleicht das Walten der Vernunft vermissen, aber es ist doch so, daß eben der natürliche Gang des politischen Geschehens oft die Vernunft ausschaltet. Denn daran sollt ihr festhalten – ich habe es schon eingangs gesagt –: wenn sich nicht in einem Staat diese harmonische Ausgewogenheit von Recht, Pflicht und Aufgabe findet, die sich darin ausprägt, daß die staatlichen Organe ein genügendes Maß von Verfügungsgewalt, der Rat der Führungsschicht ein genügendes Maß von Einfluß und das Volk über ein genügendes Maß von Freiheit verfügt, kann diese Form eines Gemeinwesens sich nicht unveränderlich erhalten.

(58) Als es in der Bürgerschaft infolge der Schuldenlast zu Unruhen kam, da besetzte die Plebs[73] zuerst den Heiligen Berg, sodann den Aventin. Und trotz seiner strengen Zucht vermochte auch Lykurg nicht, bei den griechischen Menschen die Zügel fest in der Hand zu behalten. Auch in Sparta finden wir ja zur Zeit der Regierung des Theopomp in gleicher Weise fünf Männer, die sie dort ›Ephoren‹ nennen, in Kreta aber zehn, die dort ›Kosmoi‹ heißen. Wie die Einrichtung des Volkstribunats als Gegengewicht gegen die konsularische Befugnis dienen sollte, so diese als Gegengewicht gegen die königliche Herrschergewalt.

34 (59) Es hätte sich vielleicht für unsere Vorfahren bei jener Frage der Verschuldung irgendein vernünftiger Weg der Sanierung finden lassen – ihn hatte ja der Athener Solon nicht lange vorher gefunden und bald danach auch unser Senat –, damals als wegen der Hemmungslosigkeit eines einzelnen alle Schuldverpflichtungen der Bürger aufgehoben wurden und man für künftig es überhaupt aufgab, solche Formen der Verpflichtungen aufzustellen. Und immer hat man für diese drückende Belastung, wenn der Plebs in einer kritischen Lage des Staates Zahlungen auferlegt wurden, durch die sie lahmgelegt wurde und die sie nicht zu zahlen vermochte, um des gemeinsamen Wohles willen nach irgendeinem Weg der Erleichterung und nach einem Mittel zur Heilung gesucht. Damals aber hatte man eine solche vernünftige Maßregel unterlassen, und daraus erwuchs dem Volk der Anlaß, durch die Wahl zweier Volkstribunen den Weg des Aufstandes zu beschreiten und die Macht und den Einfluß des Senats zu beschränken. Doch behielt dieser Einfluß sein Gewicht und seine Bedeutung, da die weisesten und tapfersten Männer durch ihre militärische und politische Einsicht den Staat vertraten, Männer, die höchstes Ansehen genossen, weil sie zwar hinsichtlich ihrer äußeren Ehrenstellung über alle übrigen weit hinausragten, aber in ihren Ansprüchen auf Lebensgenuß zurückstanden und auch in ihren geldlichen Verhältnissen sich nicht über den Durchschnitt erhoben. Um so willkommener war die staatspolitische

Tüchtigkeit jedes einzelnen, weil er in Privatangelegenheiten mit aller Sorgfalt für die einzelnen Bürger mit Rat und Tat und materieller Unterstützung eintrat.

35 (60) Bei einem solchen Zustand des Gemeinwesens kam es zu Umtrieben des Sp. Cassius, der sich zum König erheben wollte. Trotzdem er beim Volk in höchster Gunst stand, klagte ihn der Quästor an und bestrafte ihn, wie ihr gehört habt, mit dem Tode. Sein Vater hatte erklärt, er habe in Erfahrung gebracht, sein Sohn habe sich im Sinne der Anklage schuldig gemacht, und das Volk fügte sich. Willkommene Annahme fand auch jenes Gesetz, das ungefähr im 54. Jahr nach der Wahl der ersten Konsuln Sp. Tarpeius und A. Aternius über die Bestrafung mit Geld und die Hinterlegung des Haftgeldes in den Centuriatkomitien eingebracht haben. Zwanzig Jahre später ist deshalb, weil die beiden Censoren bei dem Ansatz von Geldstrafen eine Menge Pflugvieh aus Privatbesitz in das Eigentum des Staates übergeführt hatten, ein herabgesetzter Schätzungswert des Viehs bei der Strafbegleichung durch ein Gesetz der Konsuln C. Iulius und P. Papirius festgesetzt worden.

36 (61) Aber einige Jahre zuvor, als der Senat den maßgeblichen Faktor in der Staatsführung bildete und das Volk diesen Zustand willfährig hinnahm, war man zu dem Verfahren geschritten, daß die Konsuln und auch die Volkstribunen ihr Amt niederlegten und dafür Zehnmänner mit unbeschränkter Amtsgewalt und ohne die Möglichkeit einer Berufung gewählt wurden; diese sollten die höchste Exekutivgewalt besitzen und Gesetze abfassen. Sie faßten denn auch das Zehntafelgesetz ab, wobei sie mit einem Höchstmaß von Lebensklugheit den Grundsatz absoluter Gleichheit vor dem Gesetz verwirklichten. Für das folgende Jahr wählten sie andere Zehnmänner nach; jedoch fand deren Zuverlässigkeits- und Gerechtigkeitssinn keine entsprechende Anerkennung. Allerdings verdient aus diesem Kollegium jener C. Iulius ausnehmendes Lob: in dem Schlafzimmer des L. Sestius, eines Mannes aus dem Adel, war, wie er selbst angab, in seiner Gegenwart ein Leichnam ausgegraben wor-

den. Trotz seiner unbeschränkten Amtsbefugnis – er war ja
einer der Zehnmänner, gegen deren Entscheidung keine Möglichkeit der Berufung bestand – forderte er von Sestius Bür-
gen, weil er es ablehne, jenes ausgezeichnete Gesetz zu mißachten, das verbiete, daß außerhalb der Centuriatkomitien
über Tod und Leben eines römischen Bürgers entschieden
werde.

37 (62) Es folgte noch ein drittes Regierungsjahr der Zehnmänner ohne personelle Veränderung, da sie keine anderen
hatten nachwählen wollen. In diesem Zustand des Gemeinwesens, der, wie ich schon oft gesagt habe, nicht von Dauer
sein konnte, weil an diesem Gemeinwesen nicht alle Stände
der Bürgerschaft gleichen Anteil hatten, lag die gesamte
Staatslenkung in den Händen der Führungsschicht: an der
Spitze standen die Zehnmänner, die dem höchsten Adel an-
gehörten, ohne daß die Volkstribunen das Gegengewicht bildeten, ohne daß weitere Beamte ihnen beigegeben waren,
ohne daß ein Berufungsrecht gegen Todes- und Prügelstrafe
übriggelassen war. (63) Es entstanden denn auch aus dieser
Ungerechtigkeit plötzlich tiefgreifende Unruhen und eine
radikale Umwandlung des gesamten Gemeinwesens. Die
Zehnmänner fügten zwei Tafeln hinzu, die die Gleichheit
der bürgerlichen Gesetze beseitigten, und bestimmten durch
ein ganz unmenschliches Gesetz, es solle das Recht der Eheschließung, die doch sonst in der Regel sogar getrennten
Völkern zugebilligt wird, den Angehörigen der Plebs mit
den Patriciern auf keinen Fall zustehen (später wurde es
allerdings durch das Canuleische Plebiszit wieder abgeschafft), kurz: ihre gesamte Regierungsgewalt, die sie über
das Volk ausübten, stand unter dem Zeichen der Hemmungslosigkeit, der Schroffheit und der Habsucht. Bekannt und in
vielen literarischen Denkmälern gefeiert ist ja folgende Geschichte: Als ein gewisser Decimus Verginius seine jungfräu-
liche Tochter, weil sich einer jener Zehnmänner in seiner
Unbeherrschtheit an ihr vergriffen hatte, auf dem Forum
eigenhändig umbrachte und betrübt zu dem damals auf dem
Algidus stehenden Heere floh, da gaben die Soldaten den

Krieg, der damals zu führen war, auf und besetzten zuerst den Heiligen Berg, wie es bei einem ähnlichen Anlaß schon früher geschehen war, und sodann bewaffnet den Aventin . . .[74]

38 (64) Nach diesen Darlegungen Scipios saßen alle schweigend da und warteten auf den übrigen Teil des Vortrages.

Tubero: Weil die Älteren hier, Africanus, an dich keine Frage richten, so wirst du aus meinem Munde hören, was ich an deinem Vortrag vermisse.

Scipio: Gewiß! Mit Vergnügen!

Tubero: Nach meinem Eindruck hast du ein Loblied auf unseren Staat gesungen. Aber Laelius hat dich nicht speziell nach unserem Staat, sondern nach dem Staat im allgemeinen gefragt. Aber trotzdem habe ich aus deinem Vortrag nicht entnommen, mit welcher zuchtvollen Haltung und welchen Sitten und Gesetzen wir eben diesen deinen Staat in eine feste Form bringen und erhalten können.

39 (65) *Scipio:* Ich glaube, Tubero, es wird sich bald ein geeigneterer Platz finden, um die Frage der Festigung und Erhaltung eines Staatswesens zu erörtern. Was aber die beste Staatsform betrifft, so glaube ich, eine ausreichende Antwort auf die darauf bezügliche Frage des Laelius gegeben zu haben. Zuerst hatte ich ja aufgezählt und gegeneinander abgegrenzt die drei zu billigenden Verfassungsarten und diesen drei ebensoviele entgegengestellt, die verderblich wirken, und dabei dargelegt, daß keine von diesen für sich allein die beste sei, sondern diejenige vor jeder einzelnen den Vorrang habe, die aus den drei ersten maßvoll gemischt sei. (66) Wenn ich aber unseren Staat als Beispiel gebraucht habe, so hatte dies nicht die Bedeutung, eine Definition der besten Verfassung zu geben – dazu hätte es ja keines Beispiels bedurft –, sondern es diente dazu, daß in der Praxis an dem größten Staat deutlich sichtbar gemacht werde, was ein Lehrvortrag nur in der Theorie über dessen Beschaffenheit beschreibt. Wenn du aber, ohne irgendein Volk als Beispiel heranzuziehen, nach der Art der besten Verfassung an sich frägst,

so müssen wir das Bild der Natur heranziehen, da ja du dieses Bild einer Stadt und eines Volkes . . .[75]

40 (67) *Scipio:* . . . einen solchen suche ich schon lange, zu ihm wünsche ich zu gelangen.

Laelius: Suchst du vielleicht einen Klugen?

Scipio: Gerade den.

Laelius: Unter den Anwesenden hast du schon eine hübsche Auswahl. Du kannst zum Beispiel mit dir selbst den Anfang machen.

Scipio: Ich wünschte, es gäbe in jedem Senat eine angemessene Menge. Und doch ist nur der klug, der – ich habe dies oft in Afrika erlebt – auf einem ungeschlachten, mächtigen Tiere sitzend, dieses zügelt und lenkt, wohin er will, und durch einen leichten Zuspruch oder eine sanfte Berührung jenes Tier sich gefügig macht.

Laelius: Ich weiß es und habe es oft erlebt in der Zeit, da ich dein Legat war.

Scipio: Also bändigt jener Inder und Punier ein einziges Tier, und zwar ein gelehriges und an menschliche Sitten gewöhntes. Aber dagegen die Kraft, die in der menschlichen Seele verborgen ist und die als deren Teil Verstand genannt wird, zügelt und bändigt nicht ein einziges Tier, auch nicht eines, das leicht zu bezwingen wäre, falls sie es überhaupt einmal fertig bringt, ein Fall, der ganz selten eintritt . . .[76]

41 (68) . . . *die sich von Blut nährt, die sich so maßlos jeglicher Grausamkeit hingibt, daß sie kaum durch den schmerzlichen Tod von Menschen gesättigt werden kann.*

(Non. p. 300, 29)

. . . *einem gierigen aber und verlangenden und lüsternen und sich in sinnlichen Genüssen wälzenden* . . .

(Non. p. 491, 16)

. . . *als vierte, die beklemmende Angst, die zu Betrübnis neigt, trauert und immer sich selbst in Sorge versetzt* . . .

(Non. p. 72, 34)

...wie ein ungeübter Wagenlenker von seinem Wagen heruntergezogen, zertreten, zerfleischt, zermalmt wird...

(Non. p. 292, 38)

42 (69) *Laelius:* Nunmehr sehe ich den Mann, den ich erwartete, und die Pflicht und Aufgabe, mit der du ihn betraust.

Scipio: Natürlich, fast nur mit der einen – in dieser sind ja so ziemlich alle übrigen inbegriffen –, daß er nie davon abweichen soll, sich selbst zu bilden und zu betrachten. So wird er andere dazu aufrufen, ihn nachzuahmen und in dem reinen Glanz seiner Seele und seiner Lebensführung sich selbst wie einen Spiegel seinen Mitbürgern vor Augen zu halten. Denn wie beim Saiten- oder Flötenspiel und beim bloßen Einzelgesang sowie beim mehrstimmigen aus den unterschiedlichen Tönen an einem gewissen harmonischen Zusammenklang festzuhalten ist und ein geschultes Ohr eine Abweichung oder Disharmonie nicht ertragen kann, und wie dieser Zusammenklang aus der Modulation der verschiedensten Töne zu einer harmonischen Einheit geführt wird, so stimmt ein Staatswesen, das aus den höchsten und niedersten Ständen und aus dem dazwischenliegenden Mittelstand – so wie es bei der Musik mit den Tönen der Fall ist – durch Vernunft ins richtige Verhältnis gebracht ist, durch den Zusammenklang der unähnlichsten Elemente zusammen. Und was von den Musikern beim Gesang Harmonie genannt wird, das ist in einem Staatswesen die Eintracht, das engste und beste Band in jedem Gemeinwesen, das dessen unangetasteten Bestand verbürgt. Und diese Eintracht kann ohne Gerechtigkeit auf keinen Fall bestehen...

43 *Und als sodann Scipio erheblich breiter und ausführlicher darüber gesprochen hatte, wie nützlich die Gerechtigkeit dem Staate und wie schädlich ihr Fehlen sei, ergriff Philus, einer der Teilnehmer an dem Gespräch, das Wort und verlangte eine eingehendere Erörterung eben dieser Frage und daß über die Gerechtigkeit deshalb mehr gesagt*

werde, weil es bereits ein allgemeines Gesprächsthema war,
daß ein Staat ohne Ungerechtigkeit nicht regiert werden
könne. (Aug. civ. II 21)

44 (70) *Scipio:* Ich stimme bei und erkläre feierlich: be-
deutungslos ist, was, wie wir glauben, bisher über das Gemeinwesen gesagt worden ist – es liegt auch keine Grundlage vor, auf der wir in unserem Gespräch weiterkommen
könnten , wenn nicht sicher erwiesen ist, daß jene These,
ohne Unrecht könne ein Gemeinwesen nicht gelenkt werden,
nicht nur falsch, sondern vielmehr die andere als unwider-
leglich wahr bestätigt ist, daß ein Gemeinwesen ohne höchste
Gerechtigkeit überhaupt nicht regiert werden kann. Aber,
wenn es euch recht ist, soviel für heute! Den Rest – es bleibt
ja noch reichlich genug übrig – wollen wir auf den morgigen
Tag verschieben!

Damit war man einverstanden, und für diesen Tag fand
die Erörterung ihr Ende.

Drittes Buch

Inhaltsangabe bei Augustin civ. II 21[77]

Da die Behandlung dieser Frage auf den folgenden Tag verschoben worden war, wurde sie im dritten Buch verhandelt, wobei es zu heftigen Auseinandersetzungen kam. Philus übernahm nämlich selbst die Rolle derer, die die Auffassung vertraten, daß ein Gemeinwesen nicht ohne Ungerechtigkeit regiert werden könne, wobei er sich vor allem gegen den Verdacht rechtfertigte, als ob dies seine wirkliche Ansicht sei. Er trat eifrig für die Ungerechtigkeit gegen die Gerechtigkeit ein, indem er an Hand von theoretischen Darlegungen, die den Stempel der Wahrscheinlichkeit trugen, und von praktischen Beispielen gleichsam zu zeigen versuchte, daß die Ungerechtigkeit dem Staat nützlich, die Gerechtigkeit unnütz sei. Als dann alle den Laelius baten, die Sache der Gerechtigkeit zu vertreten, ergriff dieser das Wort und legte, so gut er konnte, dar, nichts sei einem Staat so feindlich als die Ungerechtigkeit, und ohne ein großes Maß von Gerechtigkeit könne ein Gemeinwesen überhaupt nicht gelenkt werden oder festen Bestand haben. Als diese Frage in dem ausreichend erscheinenden Umfang behandelt war, kehrt Scipio zu dem Unterbrochenen zurück und wiederholt und empfiehlt seine kurze Definition eines Gemeinwesens, daß dieses die Sache des Volkes sei; als Volk aber bezeichnet er nicht jeden beliebigen Zusammenschluß einer Masse, sondern nur einen solchen, der auf einer Übereinstimmung des Rechtes und einer Interessengemeinschaft erfolgt ist. Er weist dann darauf hin, wie groß der Nutzen einer genauen Definition bei einer Erörterung ist, und aus jenen seinen Definitionen zieht er darauf den Schluß, es bestehe dann ein Gemeinwesen, d. h. eine Sache des Volkes, wenn eine gute und gerechte Regierung vorliegt, unabhängig davon, ob diese von einem einzigen König oder von einer Minderheit von Optimaten oder von dem gesamten Volk ausgeübt wird. Wenn aber der König ungerecht ist – er nannte ihn nach griechischer Sitte Tyrann – oder wenn die Optimaten ungerecht sind – von deren Gesinnungsgemeinschaft sprach er als von einem Parteiklüngel – oder wenn das Volk selbst ungerecht ist – dafür fand er keinen gebräuchlichen Namen, es sei denn, daß er auch dieses selbst Tyrann nannte –, dann weise das Gemeinwesen nicht mehr Fehler auf, wie man es tags zuvor erörtert hatte, sondern, wie es der aus jenen Definitionen zu ziehende Schluß gelehrt habe, bestehe überhaupt kein Gemeinwesen, weil ja eine Sache des Volkes nicht vorliege, wenn ein Tyrann oder eine Parteigruppe von ihr Besitz ergreife, und wenn das Volk selbst nicht mehr Volk sei, wenn es ungerecht sei, weil es ja dann nicht mehr eine auf der Übereinstimmung des Rechtes und auf einer Interessengemeinschaft begründete und zusammengeschlossene Menge sei, so wie der Begriff Volk definiert worden war.

1 (1) Im dritten Buch über den Staat sagt derselbe Tullius, der Mensch sei nicht wie von einer Mutter, sondern wie von einer Stiefmutter ins Leben gegeben, mit nacktem, gebrechlichem, schwächlichem Körper, mit einer gegenüber den Lasten des Lebens ängstlichen, gegenüber seinen Schrecken verzagten, gegenüber seinen Mühen weichlichen, gegenüber seinen sinnlichen Möglichkeiten hemmungslosen Seele. Doch sei in dieser gleichsam verschüttet ein gewisses gottgesandtes Feuer des Geistes und des Verstandes. (Aug. c. Iul. IV 12, 60)

Obgleich der Mensch gebrechlich und schwach geboren wird, so ist er dennoch gegen alle stummen Wesen gesichert, und alles, was mit stärkeren Kräften zur Welt kommt, kann doch dem Menschen gegenüber nicht sicher sein, selbst wenn es klimatischen Einflüssen tapfer zu trotzen vermag. So kommt es, daß die Vernunft den Menschen größeren Vorteil

*verschafft als die Natur den stummen Wesen, weil ja bei
ihnen weder ihre großen Kräfte noch ihr starker Körper
verhindern können, daß sie von uns bezwungen werden oder
unserer Macht ausgeliefert sind.* (19) *Platon hat, wie ich
glaube, um diese Undankbaren zu widerlegen, der Natur
Dank gesagt dafür, daß er als Mensch geboren sei.*

(Lact. opif. III 16. 17. 19)

2 (3) ⟨*Der Geist hat Mittel und Wege ersonnen, die
menschlichen Schwächen zu beheben. So hat er durch die Erfindung des Wagens die Langsamkeit des Menschen ausge-
glichen*⟩, und als er die Menschen, die mit ungeordneten
Lauten in einem Anfangsstadium etwas Verworrenes stam-
melten, in seinen Bereich einbezogen hatte, versah er diese
Laute mit Einschnitten, zerlegte sie in einzelne Teile und,
wie gewisse Stempel aufgeprägt werden, so prägte er den
Dingen Wörter auf und verband die bisher ungesellig leben-
den Menschen miteinander durch das so willkommene Band
der Sprache. Von einer ähnlichen geistigen Kraft haben
auch die anscheinend unendlichen Stimmlaute durch die
Erfindung einiger weniger Schriftzeichen sämtlich ihre
Kennmarke und ihre Prägung gefunden, damit durch sie
Gespräche mit Abwesenden, Willenskundgebungen und Ereignisse der Vergangenheit in Denkmälern festgehalten würden. Hinzu kam die Zahl, ein Erzeugnis des Geistes, das
zum Leben ebenso notwendig wie als einziges auch unveränderlich und ewig ist. Sie hat uns zuerst den Antrieb gegeben, an den Himmel hinaufzuschauen und nicht erfolglos
den Lauf der Gestirne zu beobachten und durch die Auf-
rechnung von Nächten und Tagen ⟨*das Jahr zu ord-
nen*⟩ . . .[78]

3 (4) . . . deren Geist sich höher erhob und die, wie ich
oben gesagt habe, etwas zu Werke bringen und ausdenken
konnten, was dem Göttergeschenk entsprach. Darum, mögen
für uns die Männer, die sich über das Problem der Lebensführung ergehen, große Männer sein, wie sie es auch sind,
sie mögen gebildet sein, sie mögen Lehrer der Wahrheit und

96

der Tugend sein, wenn nur auf keinen Fall die Wissenschaft
vom Staate und die Betrachtung der Verfassungen der Völker der Mißachtung ausgesetzt werden soll, mag dieses Gebiet nun von Männern erfunden sein, die in dem bunten
Wechsel des politischen Lebens standen, oder auch – wie es
der Fall ist – in der zurückgezogenen Ruhe dieser Philosophen behandelt worden sein. Die Beschäftigung mit diesen Fragen bewirkt – und sie hat dafür schon sehr oft den
Beweis geliefert –, daß in guten geistigen Veranlagungen
eine geradezu unglaubliche, göttliche sittliche Kraft ersteht.
(5) Wenn aber jemand zu diesen äußerlichen Hilfsmitteln
des Geistes, die er dank seiner natürlichen Veranlagung und
durch die staatlichen Einrichtungen zur Verfügung gehabt
hat, glaubte, sich auch noch sonstige wissenschaftliche Bildung und eine ausgereiftere Erkenntnis der Welt zulegen zu
sollen, wie eben die Teilnehmer an dem Gespräch, die in diesen Büchern auftreten, so gibt es niemand, der sie nicht über
alles andere stellen würde. Was kann es denn Herrlicheres
geben, als wenn die praktische Behandlung wichtiger Fragen
sich verbindet mit dem Bemühen um eindringende Erkenntnis jener Wissenschaften? Oder was kann man sich Vollkom-
meneres denken als einen P. Scipio, als einen C. Laelius, als
einen L. Philus? Haben sie doch, um ja nichts zu versäumen,
was dem höchsten Ruhm berühmter Männer dient, zu der
heimischen, überkommenen Sitte hinzu auch noch die auf
Sokrates zurückgehende, eingeführte wissenschaftliche Forschung angewendet. (6) Daher glaube ich: wer beides wollte
und konnte, d. h. wer mit dem Brauchtum der Vorfahren
ebenso wie mit der wissenschaftlichen Forschung sich vertraut machte, der hat alles erreicht, was Ruhm verbürgt.
Wenn es sich aber darum handelt, den einen von beiden
Wegen zur Lebensklugheit auszuwählen, so mag zwar dem
einen oder anderen jene beschauliche Lebensführung, die in
einer liebevollen Versenkung in die Wissenschaften ihr Genüge findet, als die glücklichere erscheinen, aber die sich im
staatlichen Gebiet bewegende ist sicherlich die lobenswertere
und glanzvollere. Auf einen solchen Lebensweg gründen sich

97

ja die äußerlichen Ehrungen von höchstgestellten Persönlichkeiten, wie z. B. des M.' Curius:

> »Weder mit Eisen noch Gold,
> ihn konnte niemand besiegen«[79] ...

4 (7) Jedoch[80] bestand dieser Unterschied in der Methode beider Bildungsarten: jene bauten die Grundlagen natürlicher Veranlagung durch mündliche Erörterungen und durch wissenschaftliche Forschung weiter aus, diese aber durch Staatseinrichtungen und Gesetze. Eine größere Anzahl von Männern hat aber allein dieser unser Staat hervorgebracht, wenn schon nicht weise – diese Bezeichnung schränken ja jene auf einen so engen Rahmen ein –, so doch sicher solche, die des höchsten Lobes würdig sind, weil sie die Lehren und Erfindungen der Weisen gepflegt haben. Und auch, wie viele lobenswerte Staaten gibt es und hat es gegeben – das erfordert ja in der Welt die weitaus umfassendste Einsicht, ein Gemeinwesen so einzurichten, daß es dauernden Bestand hat –! Rechnen wir nun auf jeden nur eine Persönlichkeit, eine wie große Menge hervorragender Männer ergibt sich schon bei dieser Rechnung! Wenn wir aber Italiens Latium oder den zu Italien gehörigen Sabinischen oder Volskischen Volksstamm, wenn wir Samnium, wenn wir Etrurien, wenn wir jenes Großgriechenland an unserem geistigen Auge vorüberziehen lassen wollen, wenn wir dann die Assyrer, die Perser, die Punier ...[81]

5 (8) *Philus:* Wahrlich, das ist eine herrliche Sache, deren Vertretung mir übertragt, wenn ihr von mir wollt, daß ich die Anwaltschaft der Ungerechtigkeit übernehme.

Laelius: Und doch mußt du die Befürchtung hegen, wenn du die landläufigen Argumente gegen die Gerechtigkeit vorbringst, du möchtest den Eindruck erwecken, als ob dies deine tatsächliche Gesinnung wäre, während du doch in deiner Person gleichsam ein einzigartiges Muster alter Rechtschaffenheit und Treue darstellst. Auch ist ja deine Gewohnheit, bei der Erörterung einer Frage das Für und Wider gegeneinander abzuwägen, weil du glaubst, auf diesem Wege werde man am leichtesten die Wahrheit finden, nicht unbekannt.

Philus: Nun also, los! Ich will euch euren Willen tun und mich wissentlich selbst beschmutzen. Da ja die Goldsucher glauben, sie dürften sich dem nicht entziehen, dürfen wir bei der Suche nach der Gerechtigkeit, die doch eine weit wertvollere Sache als alles Gold ist, wahrlich keine Beschwernis scheuen. Und wäre es mir doch dabei möglich, wie ich den Lehrvortrag eines anderen zu benützen beabsichtige, auch den Mund eines anderen zu benützen! Jetzt heißt es für den L. Furius Philus, das zu sagen, was Carneades, ein griechischer Mensch, der gewohnt war, was ihm paßte, mit Worten auszudrücken, gegen die Gerechtigkeit gesagt hat.

(9) Und so will ich meinen Vortrag darauf einrichten, daß ihr dem Carneades antwortet, der sich oft über die besten Fragen in seiner boshaften Veranlagung lustig zu machen pflegt.

6 *Carneades, ein Philosoph der akademischen Schule, dessen Überzeugungskraft bei Erörterungen, dessen Beredsamkeit, dessen Scharfsinn jeder, der sie nicht kennt, eben aus der Lobpreisung Ciceros oder des Lucilius ersehen wird, bei dem Neptunus in der Auseinandersetzung über eine recht schwierige Frage darauf hinweist, das könne nicht entwikkelt werden, »nicht wenn der Orcus den Carneades selbst entlasse«, dieser Carneades also wurde von Athen als Gesandter nach Rom geschickt, wo er in wortreicher Rede vor den Ohren des Galba und des Cato Censorius, der damals bedeutendsten Redner, sprach. Aber am folgenden Tag stieß er seine Darlegungen um und verkehrte sie ins Gegenteil: er verwarf die Gerechtigkeit, die er tags zuvor gelobt hatte, zwar nicht mit dem gewichtigen Ernst des Philosophen, dessen Meinung fest begründet sein muß, sondern gleichsam mit der Fertigkeit eines geübten Redekünstlers, der bei jeder Frage das Für und Wider vorzutragen versteht. Dies pflegte er in der Absicht zu tun, andere, was sie auch immer beibringen würden, widerlegen zu können. An diese Erörterung, in der die Gerechtigkeit von ihrem Thron gestürzt wird, erinnert sich bei Cicero Lucius Furius, wie ich glaube, zu dem*

*Zweck – er sprach ja über den Staat –, die Rolle der Vertei-
digung und der Lobpreisung der Gerechtigkeit zu übernehmen, ohne die nach seiner Meinung ein Staat nicht gelenkt
werden könne. Um aber Aristoteles und Platon, die Sach-
walter der Gerechtigkeit, zu widerlegen, sammelte Carneades in jener ersten Erörterung alle Argumente, die für die Gerechtigkeit sonst vorgebracht werden, um sie dann, wie er es
auch getan hat, umstoßen zu können.* (Lact. inst. V 14, 3–5)

7 (10) *Die meisten Philosophen, in erster Linie Platon und
Aristoteles, haben über die Gerechtigkeit viel gesprochen.
Dabei haben sie dieser Tugend überschwengliches, hohes
Lob gezollt, weil diese jedem das Seinige zuteile, weil sie
allen gegenüber Unparteilichkeit walten lasse. Und während
die übrigen Tugenden sich gleichsam schweigend verhalten
und im Innern des Menschen verschlossen sind, sei die Gerechtigkeit die einzige, die weder nur für sich selbst gewonnen sei, noch im Verborgenen walte, sondern in ihrer ganzen
Bedeutung nach außen in Erscheinung trete und die Bereitschaft zeige, Gutes zu tun, um einer möglichst großen Zahl
von Mitmenschen zu nützen. Als ob wahrlich bei den Rich-
tern und bei Leuten, die in irgendeine Machtposition eingesetzt sind, allein Gerechtigkeit walten müßte und nicht vielmehr bei allen.*

(11) *Und doch gibt es keinen Menschen, auch nicht einen
Angehörigen der untersten Schichten und unter den Bett-
lern, auf den sich der Bereich der Gerechtigkeit nicht erstrek-
ken könnte. Aber weil sie nicht wußten, was sie überhaupt
ist, woraus sie fließt, was sie für eine praktische Aufgabe
hat, teilten sie jene höchste Tugend, d. h. das allen gemeinsame Gut, nur einigen wenigen zu und erklärten, diese
mache auf keine eigensüchtigen Vorteile Jagd, sondern be-
mühe sich nur um das, was anderen fromme. Und mit vollem Recht ist Carneades, ein hochbegabter, scharfsinniger
Mann, aufgetreten, um den Lehrvortrag dieser Sorte von
Menschen zu widerlegen und eine Gerechtigkeit, die keine
feste Grundlage hatte, zu stürzen, nicht etwa, weil er der*

Ansicht war, man müsse die Gerechtigkeit tadeln, sondern
um zu zeigen, keine Sicherheit, keine Festigkeit liege in dem,
was über die Gerechtigkeit jene ihre Verteidiger in ihren
Erörterungen vorbringen.   (Lact. epit. 50 [55], 5–8)

Die Gerechtigkeit hat ihren Blick nach außen gerichtet,
tritt stark hervor und ragt heraus.

Diese Tugend erstreckt und entfaltet sich mehr als alle anderen ganz auf den Bereich des für die Mitmenschen Nützlichen.

8 (12) *Philus:* ... fand und schützte[82]. Der andere aber
füllte eben über die Gerechtigkeit vier wahrlich dicke Bücher. Denn von Chrysipp habe ich nichts Großes und nichts
Großartiges erwartet. Er vertritt ja in seinem Vortrag seine
persönliche Note, indem er alles abwägt nach dem Gesichtspunkt, daß die Worte den Ausschlag geben, nicht das Gewicht der Tatsachen. Es wäre die Aufgabe jener Heroen
gewesen, diese Tugend, die als einzige, sofern es sie überhaupt gibt, in höchstem Maße freigebig und freimütig ist
und die alle anderen mehr liebt als sich selbst, da sie eher
für andere als für sich selbst geboren ist, aus dem Staube
aufzurichten und auf jenen göttlichen Thronsessel nicht weit
weg von der Weisheit zu setzen.

(13) Und es fehlte ihnen wirklich nicht an dem guten Willen – was hatten sie denn für einen anderen Anlaß zu schrei-
ben oder worin lag überhaupt ihre Absicht? – oder an Be-
gabung, mit der sie doch alle anderen überragten. Aber die
Sache, die sie vertraten, überstieg ihre Willenskraft und ihr
geistiges Vermögen. Denn das Recht, das den Gegenstand
unserer Unterhaltung bildet, ist ein vom Staat geschaffenes
und kein Naturrecht. Wäre es dies, so hätte man, wie über
den Begriff von warm und kalt, bitter und süß, so auch über
die Vorstellung von gerecht und ungerecht allgemein eine
einheitliche Auffassung.

9 (14) So aber dürfte man, wenn man entsprechend jenem
Stück des Pacuvius »auf einem Schlangenwagen fahrend«[83]
auf viele verschiedenartige Völker und Städte herabschauen

101

und diese an seinem Auge vorbeiziehen lassen könnte, fürs
erste bei jenem noch ganz unverdorbenen Volk der Ägypter,
das in seinen Schriften die Erinnerung an eine Fülle von Ereignissen bewahrt, die sich durch viele Jahrhunderte hinziehen, sehen, daß man einen Stier, den die Ägypter Apis nennen, für einen Gott hält und daß viele andere Ungeheuer
und wilde Tiere jeder Art bei ihnen der Zahl der Götter zugeschrieben wurden. Ferner dürfte man sehen, daß die präch-
tigen Tempel Griechenlands, wie bei uns, zur Aufnahme
menschlicher Bildnisse geweiht sind, die von den Persern für
einen Frevel gegen die Götter gehalten werden. Und aus
diesem einzigen Grunde soll Xerxes den Befehl gegeben haben, die Heiligtümer der Athener in Brand zu setzen, weil
er es für einen gleichen Frevel hielt, wenn die Götter, deren
Haus doch diese ganze Welt sei, hinter Wänden in Gewahr-
sam gehalten seien.

(15) Als dann später Philipp den Plan zum Krieg mit den
Persern ausdachte und Alexander ihn zur Ausführung
brachte, da gaben sie als Grund für diesen Krieg an, Rache
nehmen zu wollen für die Zerstörung der griechischen Tempel. Dabei glaubten die Griechen, sie sollten diese Tempel
nicht einmal wiederherstellen, damit die Nachwelt ein dau-
erndes Wahrzeichen des persischen Verbrechens vor Augen
habe. Wie viele gibt es, die, wie die Taurer am Axinus, wie
der König Busiris von Ägypten, wie die Gallier, wie die
Punier des Glaubens waren, Menschenopfer sei eine fromme
Handlung, die den unsterblichen Göttern höchst willkommen sei? Wahrlich, wie verschieden sind die Lebensgrund-
sätze: die Kreter und Aetoler halten Raubzüge für eine
sittlich erlaubte Handlung, und die Lacedaemonier pflegten
zu erklären, alles Landgebiet gehöre ihnen, das sie mit der
Lanzenspitze erreichen könnten. Die Athener pflegten sogar
öffentlich zu schwören, ihnen gehöre jegliches Erdreich, das
den Ölbaum oder Feldfrüchte hervorbringe; die Gallier
halten es für eine Schande, sich das Brotgetreide mit ihrer
Hände Arbeit zu verschaffen, weshalb sie bewaffnet aus-
ziehen, um fremde Felder abzumähen.

(16) Wir aber sind die gerechtesten Menschen, die wir die Völkerschaften, die jenseits der Alpen wohnen, Ölbäume und Reben nicht anpflanzen lassen, nur damit unsere Olivenpflanzungen und unsere Weinberge höheren Gewinn abwerfen. Weil wir dies tun, sagt man von uns, wir handeln lebensklug; daß wir gerecht handeln, sagt man von uns nicht. Und so könnt ihr ersehen, daß die Weisheit von der Gerechtigkeit recht verschieden ist. Lykurg aber, der Erfinder der besten Gesetze und des ausgeglichensten Rechtes, gab die Äcker der Grundbesitzer dem niederen Volk wie einer Sklavenschaft[84] zur Bebauung.

10 (17) Wollte ich aber die verschiedenen Arten des Rechtes, der Staatseinrichtungen, der Sitten und Gewohnheiten beschreiben, so könnte ich zeigen, daß sie nicht nur bei so vielen Völkern verschieden sind, sondern auch in einer einzigen Stadt, z. B. gerade in dieser, sich tausendmal verändert haben. Es könnte ja dieser unser Rechtserklärer Manilius sagen, daß hinsichtlich der Vermächtnisse und Erbschaften der Frauen jetzt andere Rechtsverhältnisse vorliegen, anders das Recht war, das er in seiner Jugend zu sprechen pflegte, als das Vocontische Gesetz noch nicht gegeben war. Eben dieses Gesetz ist ja lediglich zum Nutzen der Männer eingebracht worden und voll Ungerechtigkeit gegenüber den Frauen. Warum soll denn eine Frau nicht Besitz an Geld haben? Warum darf sie die Erbin einer Vestalin sein, aber nicht der eigenen Mutter? Warum aber sollte, wenn schon für die Frauen eine Begrenzung ihres Geldbesitzes festgesetzt werden mußte, die Tochter des P. Crassus, sofern sie die einzige Tochter war, hundert Millionen As besitzen können, ohne gegen das Gesetz zu verstoßen, aber meine Tochter keine drei Millionen ...[85]

11 (18) *Philus:* Hätte uns die Natur die Rechtssatzungen festgelegt, so würden bei allen Menschen die gleichen Gesetze in Geltung sein und nicht die gleichen Menschen zu anderen Zeiten andere benützen. Wenn es nun die Pflicht eines gerechten Menschen und wenn es Pflicht eines guten Mannes ist, den Gesetzen zu gehorchen, dann frage ich:

103

welchen Gesetzen? Etwa allen, mögen sie sein, wie sie wollen? Aber die Tugend verträgt sich doch nicht mit der Grundsatzlosigkeit! Die Natur duldet keine Wandlung, und die Gesetze gewinnen ihre Rechtfertigung dadurch, daß Strafen festgesetzt werden, nicht durch einen uns innewohnenden Gerechtigkeitssinn. Das Recht hat also keine natürliche Grundlage, woraus sich ergibt, daß wir von Natur aus auch nicht gerecht sind. Oder behauptet man wirklich, bei den Gesetzen bestehe zwar eine Verschiedenheit, während gute Männer von Natur aus einer Gerechtigkeit folgen, die in der Wirklichkeit besteht, nicht einer, die auf bloßer Annahme beruht? Denn dies sei das Zeichen eines guten, gerechten Mannes, das jedem einzelnen zuzuteilen, was seiner würdig ist.

(19) Also werden wir nun fürs erste den stummen Tieren ein Zugeständnis machen. Denn nicht Männer von durchschnittlicher Bedeutung, sondern hochbedeutende Gelehrte verkündigen, es gebe für alle Lebewesen nur eine gemeinsame Rechtslage, und rufen laut aus, durch keine Sühne tilgbare Strafen drohen denen, die einem Tier ein Leid antun. Es ist also ein Verbrechen, einem Tier Schaden zuzufügen ...

12 (20) *Oder wenn er der Gerechtigkeit wird folgen wollen, so wird er doch, unkundig des göttlichen Rechts, die Gesetze seines Volkes, von der Auffassung ausgehend, daß sie das wahre Recht darstellen, für verbindlich betrachten, und deren Erfindung geht jedenfalls nicht auf Gerechtigkeitssinn, sondern auf Nützlichkeitserwägungen zurück. Aus welchem Grund sind denn in allen Völkern abweichende, verschiedenartige Rechtssatzungen aufgestellt worden, es sei denn aus dem einen, weil jedes Volk sich eben die Satzungen gegeben hat, die es für seine besonderen Verhältnisse als nützlich erachtete? Welche Kluft aber zwischen Gerechtigkeit und Nützlichkeit besteht, das lehrt gerade das römische Volk, das durch die Fetialen seine Kriege ansagt, legitimiertes Unrecht begeht, immer nach fremdem Gut seine gierigen*

Hände ausstreckt und es an sich reißt und auf diesem Wege
sich den Besitz der ganzen Welt angeeignet hat.

(Lact. inst. VI 9, 2–4)

(21) *Denn täusche ich mich nicht, so wird jedes Königreich*
oder jedes andere Machtgebiet in Kriegen erworben und
durch Siege erweitert. Ferner: Kriege und Siege bestehen
aus eroberten und meistens zerstörten Städten. Dieses Ge-
schäft kann sich nicht abwickeln, ohne daß man sich gegen
die Götter vergeht. Der gleichen Zerstörung unterliegen
Stadtmauern und Tempel, das gleiche Morden spielt sich bei
Bürgern und Priestern ab, und es ist kein Unterschied zwi-
schen dem Raub von Tempelschätzen und von solchen pro-
faner Art. Ebensoviele Tempelschändungen gibt es daher
bei den Römern wie Siegeszeichen, ebensoviele Triumphe
über die Götter wie über Völker, ebensoviel Kriegsbeute,
wie noch heute erbeutete Götterbilder dastehen.

(Tert. apol. 25 p. 90 Rauschen)

(21) *Carneades also nahm sich, weil die von den Philoso-*
phen beigebrachten Behauptungen auf schwachen Füßen
standen, die Kühnheit heraus, sie zu widerlegen, und zwar
weil er sich ja bewußt war, daß sie widerlegt werden könn-
ten. Folgendes war der Inhalt seiner Darlegungen: Rechts-
satzungen haben sich die Menschen aus Nützlichkeitserwä-
gungen gegeben. Natürlich sind diese je nach den Sitten ver-
schiedenartig, und bei denselben Menschen haben sie sich
entsprechend den Zeitumständen oft verändert. Ein Natur-
recht aber gibt es nicht. Alle Menschen und sonstigen Lebe-
wesen folgen unter der Leitung der Natur ihrem Nützlich-
keitstrieb. Darum gibt es überhaupt keine Gerechtigkeit
oder, falls es doch eine solche in irgendeiner Form gibt, stellt
sie die größte Torheit dar, weil sie sich selbst schadet, in-
dem sie dem Vorteil anderer dient. Und er brachte folgende
Beweisstücke vor: Alle Völker, die über einen blühenden
Machtbereich verfügen, und gerade auch die Römer, die
sich des ganzen Erdkreises bemächtigen, müssen, wenn sie

*gerecht sein wollen, d. h., wenn sie fremdes Gut zurück-
geben, wieder zu ihren Hütten zurückkehren und in Armut
und Elend ihr Dasein fristen.* (Lact. inst. V 16, 2–4)

(22) *»Zudem an erste Stelle der Heimat Nutzen zu setzen«, ist überhaupt gänzlich nichtssagend, wenn die Zwietracht der Menschen beseitigt ist. Denn was anderes bedeuten die Vorteile des Vaterlandes als die Nachteile eines anderen Staates oder Volkes? D. h. sein Gebiet erweitern, mit
dem, was man anderen gewaltsam geraubt hat, seinen Machtbereich vermehren, seine Steuereinnahmen erhöhen. Wer
also diese Güter – so werden sie ja von ihnen selbst genannt
– für sein Vaterland erworben hat, d. h. wer durch die Zerstörung von Staaten und Vernichtung von Völkern den
Staatsschatz mit Geld vollgestopft, Felder weggenommen,
seine Mitbürger bereichert hat, der wird bis in den Himmel
gelobt; in einem solchen Manne, glaubt man, sei die höchste,
vollendete Tugend verkörpert. Dieser Irrtum geht nicht nur
bei dem Volk und den Ungebildeten um, sondern auch bei
den Philosophen, die auch Vorschriften erlassen für die Ungerechtigkeit, damit nicht für die Torheit und die Bosheit
eine wissenschaftlich begründete, maßgebliche Lehre fehle.*
(Lact. inst. V 16, 2–4)

13 (23) *Philus:* . . . Es sind nämlich alle, die gegenüber dem
Volk Macht über Leben und Tod besitzen, Tyrannen. Aber
sie wollen lieber mit dem Namen des Iuppiter Optimus benannt werden. Wenn aber bestimmte Leute wegen ihres
Reichtums oder ihrer Abstammung oder auf Grund irgend-
welcher sonstiger Machtmittel den Staat in ihren Händen
haben, so ist dies eine Parteigruppe, aber jene Leute werden
Optimaten genannt. Bildet aber das Volk den ausschlag-
gebenden Faktor und wird alles nach seinem Gutdünken
gelenkt, so nennt man dies Freiheit, in Wirklichkeit ist es
aber Zügellosigkeit. Wenn jedoch einer den anderen fürchtet, ein Mensch seinen Nebenmenschen und ein Stand den
andern, dann erfolgt, weil niemand mehr zu sich selbst Zu-

trauen hat, gleichsam ein Abkommen zwischen Volk und Machthabern. Daraus entsteht der Zustand, den Scipio lobte: die Gemeinschaftsform einer Bürgerschaft. Denn nicht die Natur und nicht der freie Wille, sondern die Schwachheit ist die Mutter der Gerechtigkeit. Denn wenn man von drei Möglichkeiten eine wählen muß, entweder Unrecht tun, ohne Unrecht zu erleiden, oder Unrecht tun und Unrecht leiden, oder keines von beiden, so ist es das beste, Unrecht zu tun, falls man es ungestraft tun kann, an zweiter Stelle steht weder Unrecht tun noch Unrecht leiden, das armseligste ist es aber, sich dauernd herumzuschlagen bald mit Unrecht tun, bald mit Unrecht leiden ...

14 (24) ... denn als er gefragt wurde, welcher verbrecherische Trieb ihn veranlasse, das Meer mit einem Kaperschiff unsicher zu machen, antwortete er: »Der gleiche, mit dem du den Erdkreis ...«

15 *Philus:* ... auf jede Weise heißt dich die Weisheit deine Machtmittel vermehren, deinen Reichtum vergrößern, dein Gebiet erweitern – wo sollte denn jenes Lob herrühren, das auf den Denkmälern der bedeutendsten Feldherrn eingemeißelt ist: »er hat das Gebiet des Reiches erweitert«, wenn nicht ein Stück von fremdem Besitz hinzugekommen wäre? –, über möglichst viele zu gebieten, sich den sinnlichen Genüssen hinzugeben, stark zu sein, königliche Macht auszuüben, den Herrn zu spielen; die Gerechtigkeit aber schreibt vor, alle Menschen zu schonen, für das Menschengeschlecht zu sorgen, jedem das Seine zukommen zu lassen, nicht zu berühren, was den Göttern heilig ist, was dem Staat gehört, was fremdes Eigentum ist. Was ergibt sich also, wenn du der Weisheit gehorchst? Reichtum, Machtmittel, Ehrenämter, Befehlsgewalten, Königsthrone, und dies für Einzelpersonen wie für ganze Völker. Aber da wir ja über das Gemeinwesen reden, so ist es auch einleuchtender, wenn ich solche Dinge vorbringe, die von Staats wegen geschehen, und da die Rechtslage in beiden Fällen, ob es sich um den einzelnen oder um ganze Völker handelt, die gleiche ist, glaube ich über die Weisheit eines Volkes reden zu sollen.

107

[25] Ich will nun über die Weisheit anderer Völker gar nicht reden, dieses unser Volk, über das Africanus im gestrigen Gespräch, von seinen ersten Ursprüngen ausgehend, geredet hat, unter dessen Machtgebot bereits der ganze Erdkreis steht, ist es durch Gerechtigkeit oder durch Weisheit aus einem so kleinen zum allergrößten geworden? ...

(25) *Philus:* ... außer den Arcadern und den Athenern, die vermutlich aus Furcht, es möchte einmal dieser Einspruch Wirklichkeit werden, das Märchen ersonnen haben, sie seien aus der Erde erstanden, so wie diese Mäuschen aus den Feldern hervorgekrochen sind ...

16 (26) Dazu wird gewöhnlich folgende Erklärung abgegeben von Leuten, die keineswegs in der Erörterung ihre Sache schlecht vertreten, die in dieser Sache um so mehr Gewicht haben, weil sie bei der Auseinandersetzung über den Begriff des guten Mannes, an den wir doch den Maßstab der Offenheit und Aufrichtigkeit legen, sich nicht als Schlauberger, durchtriebene Burschen und böswillige Menschen erweisen: sie erklären, ein weiser Mann sei nicht deshalb ein guter, weil ihn aus innerem Drang und an sich Güte und Gerechtigkeit erfreuen, sondern weil sich das Leben guter Männer frei von Furcht, Sorge, Kummer, Gefahr abspielt, während dagegen dem schlechten Manne immer ein Wurm im Herzen nagt, immer ihm Gerichtsurteile und Bestrafungen vor Augen schweben. Kein Vorteil aber und kein Lohn, den man durch Ungerechtigkeit erworben habe, sei so groß, daß man dafür beständige Furcht, daß man dafür das beständige Gefühl einer unmittelbar eintretenden oder drohenden Bestrafung auf sich nähme ...

17 (27) *Philus:* Ich stelle die Frage: Wir haben zwei Menschen vor uns. Der eine ist charakterlich gänzlich unantastbar, läßt höchste Gerechtigkeit und einzigartige Zuverlässigkeit in vollkommener Ausgeglichenheit walten, der andere ist ein Muster von verbrecherischer Frechheit. Nun befindet sich die Bürgerschaft in dem Irrtum befangen, daß sie jenen guten Mann für einen Verbrecher, Übeltäter, Frevler hält, dagegen dem anderen, der moralisch verkommen ist, unbe-

dingte Redlichkeit und Zuverlässigkeit zuschreibt. Im Verfolg dieser Meinung, die alle Bürger teilen, wird jener gute Mann gequält, beraubt, es werden ihm endlich die Hände abgeschlagen, die Augen ausgestochen, er wird verurteilt, wird gefesselt verbrannt, vielleicht auch außer Landes gejagt, wo er im Elend lebt, kurz er scheint allen, und dazu noch mit vollem Recht, der elendeste Mensch zu sein, während dagegen jener moralisch Verkommene gelobt, verehrt, von allen hochgeschätzt wird, auf ihn alle Ehrenstellen, alle Befehlsgewalten, alle Schätze und alle Reichtümer aus der ganzen Welt sich häufen, und er – kurz gesagt – als der beste Mann, der des allseitigen höchsten Glückes würdig ist, in der allgemeinen Meinung dasteht. Also ich frage euch: wer wird denn schließlich so verrückt sein, daß er schwankt, welche von beiden Rollen er lieber spielen solle?

18 (28) Wie es aber bei dem Individuum ist, so ist es auch bei ganzen Völkern. Kein Staat ist so töricht, daß er nicht lieber mit Ungerechtigkeit Herr als mit Gerechtigkeit Knecht sein wollte. Aber ich werde einen Beleg nicht zu weit herholen. Als Konsul habe ich – ihr waret ja mit bei der Beratung – eine Anfrage wegen des Numantinischen Vertrages gestellt. Wem war es unbekannt, daß Q. Pompeius den Vertrag geschlossen hatte und Mancinus in der gleichen Lage war? Der eine, ein untadeliger Mann, sprach sogar für den Antrag, als ich ihn auf Grund eines Senatsbeschlusses stellte, der andere wehrte sich dagegen mit aller Schärfe. Stellt man die Frage nach dem Ehrgefühl, nach Rechtschaffenheit, nach Zuverlässigkeit, so hat Mancinus diese Eigenschaften erwiesen, fragt man nach Berechnung, Einsicht, Klugheit, so steht Pompeius voran.

19 (29) *Dann ging Carneades von allgemeinen Gesichtspunkten auf spezielle Fragen über. Er sagte:* »*Falls ein guter Mann einen Sklaven hat, der zum Davonlaufen neigt, oder ein ungesundes, Krankheit bringendes Haus besitzt – Mißstände, von denen er allein weiß – und er dieses öffentlich zum Verkauf ausschreibt, wird er nun aussprechen, er*

109

verkaufe einen Sklaven, der immer davonlaufe, oder ein ungesundes Haus, oder wird er dies dem Käufer verbergen? Bekennt er es offen, wird er zwar als gut, weil er nicht täuschen will, aber dennoch als töricht erachtet werden, weil er entweder um einen geringen Preis oder überhaupt nicht verkaufen wird. Wird er es verheimlichen, wird er zwar weise sein, weil er für sein Vermögen sorgt, aber auch schlecht, weil er täuscht. Wiederum, wenn er jemand findet, der Messing zu verkaufen glaubt, während es Gold ist, oder Blei, während es Silber ist, wird er schweigen, um dies billig zu kaufen, oder wird er es angeben, um es teuer zu kaufen? Es erscheint doch völlig töricht, lieber teuer zu kaufen. Er wollte damit zu verstehen geben, daß der, der gerecht und gut ist, töricht, und der, der weise ist, schlecht sei [und daß dennoch es nicht zu ihrem Verderben zu führen braucht, wenn Menschen mit ihrer Armut zufrieden sind].

20 (30) *Er ging in der Folge auf wichtigere Fälle über, bei denen es sich darum handelte, daß niemand, ohne sein Leben zu riskieren, gerecht sein könne. Er sagte: »Gerechtigkeit bedeutet doch wohl, wenn man einen Menschen nicht tötet, wenn man einen fremden Menschen überhaupt nicht anrührt. Was wird also der Gerechte tun, wenn er vielleicht Schiffbruch erlitten und irgendeiner, der schwächer ist, eine rettende Planke ergriffen hat? Wird er nicht diesen von der Planke herunterstoßen, um selbst auf diese zu klettern und mit ihrer Hilfe sich zu retten, besonders da doch mitten im Meer kein Zeuge da ist? Ist er weise, wird er dies tun; er müßte ja andernfalls selber umkommen. Wenn er aber lieber sterben als gegen seinen Nebenmenschen tätlich werden will, so ist er zwar gerecht, aber töricht, da er sein eigenes Leben nicht schont, dafür aber das eines anderen. Ebenso: wenn die eigene Truppe geschlagen ist und die Feinde die Verfolgung aufgenommen haben und wenn der Gerechte auf irgendeinen Verwundeten, der auf einem Pferde sitzt, gestoßen ist, wird er diesen schonen, um selbst erschlagen zu werden, oder wird er ihn vom Pferd herunterwerfen, um selbst dem Feind entrinnen zu können? Wenn er dies tut, ist er weise,*

*tut er es nicht, ist er zwar gerecht, aber notwendigerweise
auch töricht.«*

(31) *Als er so die Gerechtigkeit in zwei Teile zerspalten
hatte, wobei er die eine die ›bürgerliche‹, die andere die
›natürliche‹ nannte, untergrub er beide mit der Begründung,
daß jene ›bürgerliche‹ zwar identisch mit Weisheit, aber
nicht mit Gerechtigkeit sei, jene ›natürliche‹ Weisheit aber
zwar mit Gerechtigkeit, aber nicht mit Weisheit identisch
sei. Dies sind durchaus spitzfindige und vergiftende Behauptungen. M. Tullius hat sie nicht zu widerlegen vermocht.
Denn wenn er den Laelius dem Furius antworten und für
die Gerechtigkeit eintreten läßt, so läßt er dessen Behauptungen unwiderlegt und geht an ihnen wie an einer Fall-
grube vorbei. So scheint Laelius auch nicht die Rolle des
Verteidigers der natürlichen Gerechtigkeit, die sich den Vorwurf der Torheit zugezogen hatte, gespielt zu haben, sondern die des Verteidigers der bürgerlichen, der Furius zwar
zugebilligt hatte, sie sei Weisheit, aber eine ungerechte.*

(Lact. inst. V 16, 5–13)

21 (32) *Philus:* . . . Ich würde dir nicht zur Last fallen,
mein Laelius, wenn ich nicht glaubte, es sei der Wunsch dieser – und wenn ich ihn selbst nicht teilen würde –, daß auch
du einen Teil dieses unseres Gesprächs bestreitest, zumal da
du doch gestern selbst gesagt hast, du würdest uns sogar mit
deiner ganzen Person zur Verfügung stehen. Dies ist jedoch
nicht möglich. Daß du nicht ganz ausfällst, lediglich darum
bitten wir dich alle.

. . . Aber unsere Jugend darf ihn auf keinen Fall hören.
Denn denkt er so, wie er spricht, ist er ein unmoralischer
Mensch. Im andern Falle, was ich lieber annehmen möchte,
verstößt seine Rede doch gegen das menschliche Empfin-
den . . .

22 (33) *Laelius:* Es stellt sich ja das wahre Gesetz in der
geradlinigen Vernunft dar, die in Einklang steht mit der
Natur, die über alle Menschen sich ausgebreitet hat, die festen, dauernden Bestand hat, die zur Pflicht ruft durch Ge-

111

bot, die von Täuschung abschreckt durch Verbot, die jedoch weder vergebens den Anständigen gebietet oder verbietet, noch auf die Unmoralischen durch Gebot oder Verbot Eindruck macht. Dieses Gesetz in seiner Reichweite einzuschränken, verstößt wider göttliches Recht; es ist auch nicht erlaubt, es teilweise aufzuheben, und es kann auch nicht ganz abgeschafft werden. Wir können uns aber auch nicht durch den Senat oder durch das Volk von der Bindung an dieses Gesetz lösen, und wir brauchen keinen Sextus Aelius als Erklärer und Deuter, und es wird nicht anders in Rom, anders in Athen, anders heute, anders später sein, sondern die Völker werden sowohl in ihrer Gesamtheit wie zu allen Zeiten dieses eine Gesetz als ewiges und unveränderliches umfassen und einer wird gleichsam der gemeinsame Lehrer und Gebieter über alle sein: Gott. Er ist der Erfinder dieses Gesetzes, der Schiedsrichter, der Schöpfer. Wer ihm nicht gehorcht, wird vor sich selbst auf der Flucht sein und, da er die menschliche Natur verleugnet, eben dafür schwerste Buße bezahlen, auch wenn er allen übrigen vermeintlichen Strafen entronnen ist.

23 (34) ... Kein Krieg werde von dem besten Staat unternommen, es sei denn, um ein gegebenes Wort zu erfüllen oder die eigene Sicherheit zu gewährleisten ...

Aber diesen Strafen, die auch die größten Toren fühlen, materieller Not, Verbannung, Gefängnis, körperlicher Züchtigung, entgehen oft Einzelpersonen, wenn sich ihnen ein rascher Tod bietet. Für ganze Staaten aber ist der Tod, der die Einzelpersonen der Strafe zu entziehen scheint, die eigentliche Strafe. Denn ein Staat muß eine ewige Dauer gewährleistende Verfassung haben. Deshalb ist kein Untergang eines Gemeinwesens ein natürlicher Vorgang, wie bei einem Menschen, für den der Tod eine unausweichliche Notwendigkeit darstellt und für den er auch sehr oft erwünscht ist. Wenn aber ein Staat aufgehoben, beseitigt, vernichtet, ausgetilgt wird, so ist dies gewissermaßen, um Kleines mit Großem zu vergleichen, ein ähnlicher Vorgang, wie wenn diese ganze Welt unterginge und zusammenstürzte.

(35) Das sind ungerechte Kriege, die ohne Grund unternommen worden sind. Denn nur dann kann ein Krieg, der geführt wird, als gerecht gelten, wenn es sich darum handelt, Rache an den Feinden zu üben oder diese abzuwehren; sonst nicht.

Kein Krieg gilt für gerecht, wenn er nicht vorher angekündigt, wenn er nicht formell erklärt ist, wenn er nicht aus Gründen der Wiedergutmachung geführt wird.

Unser Volk aber hat dadurch, daß es seine Bundesgenossen verteidigte, sich bereits aller Länder bemächtigt.

24 (36) *Eben in diesen gleichen Büchern »Über den Staat« wird gewiß in schärfster Tonart und mit größtem Mut für die Gerechtigkeit gegen die Ungerechtigkeit gesprochen. Schon vorher wurde für die Partei der Ungerechtigkeit gegen die Gerechtigkeit Stellung genommen und zum Ausdruck gebracht, der Staat könne nur auf dem Boden der Ungerechtigkeit festen Stand haben und gedeihen, und weil nun diese Behauptung gleichsam als festester Pfeiler aufgestellt war, dahingehend, daß es ungerecht sei, wenn Menschen Knechte von Menschen sind, die die Macht in Händen haben – wenn jedoch ein machtausübender Staat, der ein großes Gemeinwesen darstellt, diese Ungerechtigkeit nicht für sich in Anspruch nehme, könne er über keine Provinzen gebieten –, so wurde von der Seite der Gerechtigkeit erwidert, dies sei aus dem Grunde gerecht, weil solchen Menschen die Knechtschaft nützlich sei, und sie werde nur zu deren Nutzen verwirklicht, wenn sie überhaupt in der richtigen Form erfolge, d. h., wenn den unmoralischen Elementen die ungehemmte Freiheit, Ungerechtigkeiten zu begehen, genommen werde und die Unterworfenen sich besser stellen werden, weil es ihnen als Nichtunterworfenen schlechter ergangen ist. Und um diese Behauptung zu stützen, wurde ein bedeutsames Beispiel gleichsam von der Natur beigezogen und erklärt: Sehen wir denn nicht, daß gerade den Besten von der Natur selbst die Herrschaft zum größten Nutzen der Schwächsten verliehen ist? Warum gebietet also Gott über*

113

den Menschen, der Geist über den Körper, die Vernunft über
die sinnlichen Lüste, den Jähzorn und über all die anderen
fehlerhaften Gebiete dieses selben Geistes?

(Aug. civ. XIX, 21)

25 (37) Doch man muß sich auch der verschiedenen Formen des Herrschens wie des Dienens bewußt werden. Denn,
wie man sagt, daß der Geist über den Körper herrsche, so
herrsche er auch über die sinnliche Lust, aber mit dem Unterschied: über den Körper herrscht er wie ein König über
seine Untertanen oder wie ein Vater über seine Kinder, aber
über die sinnliche Lust wie ein Herr über seine Sklaven, weil
er sie in Schranken hält und bricht; so stehen die Macht-
gebote der Könige, der Feldherren, der Beamtenschaft, des
Senats, der Völker über den Untertanen und Bundesgenossen, wie der Geist über dem Körper. Die Herren aber setzen
ihren Sklaven so nachhaltig zu, wie der beste Teil des Geistes – und das ist die Weisheit – den fehlerhaften und schwachen Seiten dieses selben Geistes, den sinnlichen Lüsten, den
Anfällen von Jähzorn und allen übrigen seelischen Störungen.
   Es gibt nämlich eine Art von ungerechter Knechtschaft,
wenn diejenigen in der Hand eines anderen sind, die ihre
eigenen Herren sein könnten. Wenn aber die dienen . . .

26 (38) *»Wenn du weißt«, sagte Carneades, »daß irgend-*
wo eine Schlange sich versteckt hat und sich jemand, dessen
Tod dir einen Vorteil bringen wird, unvorsichtig über sie set-
zen will, dann dürftest du unmoralisch handeln, wenn du ihn
nicht davor warnst, sich hinzusetzen. Aber du könntest da-
für nicht belangt werden. Denn wer könnte dich überführen,
daß du es gewußt hättest?« Doch darüber haben wir schon
zuviel gesprochen. Es ist ja einleuchtend, wenn nicht billiges
Denken, Treue, Gerechtigkeit sich von der Natur herleiten
und wenn bei all dem der Nützlichkeitsstandpunkt maßge-
bend ist, dann kann man überhaupt keinen guten Mann fin-
den. Über diese Fragen ist ausführlich genug in meinen Bü-
chern über den Staat von Laelius geredet worden.

(Cic. fin. II 18, 59)

Und wenn ich, wie ich von dir erinnert werde, es richtig in jenen Büchern ausgesprochen habe, daß es nichts Gutes gebe, was nicht moralisch ist, nichts Schlechtes, was nicht unmoralisch ist ...   (Cic. Att. X 4, 4)

27 (39) *Daß du an deiner Tochter Freude hast, ist auch meine Freude, und daß du zustimmst, daß die Liebe zu den Kindern eine natürliche Veranlagung ist. Denn ist diese nicht vorhanden, kann es auch keine natürliche Verbindung von Mensch zu Mensch geben. Ist sie beseitigt, wird jede Lebensgemeinschaft beseitigt. »Wohl bekomm's«, sagte Carneades, zwar unflätig, aber doch mit mehr Lebensklugheit als unser Lucius und Patron. Da diese alles auf sich beziehen und glauben, niemals geschehe etwas um des Nebenmenschen willen, und da sie erklären, man müsse nur deshalb ein guter Mann sein, um nichts Schlimmes zu erfahren, nicht etwa weil dies von Natur aus richtig sei, so merken sie wohl nicht, daß sie von einem schlauen Menschen reden, nicht von einem guten Manne. Aber das steht, glaube ich, in den Büchern, durch deren Lob du meinem Herzen Mut gemacht hast.*
                                                           (Cic. Att. VII 2, 4)

... in diesen Punkten stimme ich dir bei, daß eine mit Sorgen und Gefahren verbundene Gerechtigkeit nicht Sache eines weisen Mannes ist.

28 (40) ... Die Tugend hat ihren Willen geradezu auf äußere Ehre gerichtet, und sie empfängt keinen anderen Lohn. Ihn nimmt sie jedoch ohne weiteres an und fordert ihn ohne Heftigkeit. Welche Reichtümer willst du diesem Manne anbieten? Welche Befehlsgewalten? Welche Königsthrone? All dies hält er für menschliche Dinge, seine Güter hält er für göttlich. Aber wenn der Undank der Allgemeinheit, der Neid der großen Masse oder die Feindschaft der Machthaber die Tugend der ihr zustehenden Belohnungen beraubt, dann erfreut sie sich ja an vielen Möglichkeiten des Trostes, und vor allem sie erhält sich durch ihren eigenen inneren Wert.

... die Körper des Herkules und Romulus sind nicht in den Himmel erhoben. Denn die Natur würde es nicht zulassen, daß, was aus der Erde stammt, anderswo als in der Erde ruhe.

Niemals ist einem sehr tapferen Mann der Lohn für seine Tapferkeit, für seine Tatkraft, für seine Ausdauer versagt geblieben ...

... des Pyrrhus Freigebigkeit freilich fehlte dem Fabricius oder die reichen Mittel der Samniten dem Curius ...

... Dessen Herd pflegte unser Cato, jedesmal wenn er zu sich in das Sabinerland kam, wie wir von ihm selbst hörten, zu besichtigen; an ihm sitzend hatte jener Fabricius die Geschenke der Samniten, einst seiner Freunde, jetzt bereits seiner Schützlinge, zurückgewiesen.

29 (41) ... an dem Verhalten, das Ti. Gracchus in Asien[86] gezeigt hatte, hielt er gegenüber seinen Mitbürgern unverbrüchlich fest, dagegen beachtete er die Rechtsansprüche der Bundesgenossen und des Latinertums[87] nicht, auch nicht die vertraglichen Verpflichtungen. Angenommen den Fall, dies wäre allmählich zur Gewohnheit geworden, diese Hemmungslosigkeit hätte weiter um sich gegriffen und unsere Herrschaft von der Rechtsgrundlage zu Gewaltmethoden hinübergeleitet, mit der Folge, daß die uns heute noch freiwillig Gehorchenden im Banne des Terrors stünden, so könnten zwar wir, die wir schon so alt sind, feststellen, daß wir im allgemeinen uns keine Ruhe gegönnt haben, aber was unsere Nachkommen betrifft und jene Unsterblichkeit des Gemeinwesens, so bin ich doch in Sorge: dieses Gemeinwesen hätte unvergänglich sein können, wenn man sich in der Lebensführung nach den Einrichtungen und Sitten der Väter richten würde.

30 (42) Nach diesen Worten des Laelius brachten alle Anwesenden zum Ausdruck, wie sehr er ihnen aus dem Herzen gesprochen hatte, aber Scipio tat dies mehr als alle anderen und erklärte gleichsam im Hochgefühl seiner Freude: Du, mein Laelius, hast in vielen Prozessen so glänzend die Verteidigung geführt, daß ich mit dir nicht nur nicht unseren

Kollegen Servius Galba, den du zu seinen Lebzeiten allen voranzustellen pflegtest, geschweige denn einen der attischen Redner[88] an Anmut vergleichen möchte . . .

. . . es habe ihm an zwei Eigenschaften gefehlt, um wirksam als Redner vor dem Volk und auf dem Forum aufzutreten, an Selbstvertrauen und an Stimme . . .

. . . es ächzten die eingeschlossenen Menschen, und es brüllte der Stier . . .[89]

31 (43) *Scipio:* Wer hätte also das eine Sache des Volkes, d. h. ein Gemeinwesen, nennen sollen, damals als durch die Grausamkeit eines einzelnen die Gesamtheit unterdrückt war und es nicht ein einziges Band des Rechts, keine gesinnungsverbundene, zusammengeschlossene Gemeinschaft gab, die doch erst ein Volk ausmacht? Und dieses gleiche Schauspiel ergab sich in Syrakus. Diese herrliche Stadt, von der Timaeus sagt, sie sei die größte der Griechenstädte, aber von allen Städten die schönste, mit ihrer sehenswerten Burg, mit ihren Häfen, die bis in die Einbuchtung der Stadtbefestigung und bis zu den steilen Ufermauern des eigentlichen Stadtgebietes sich hinziehen, mit ihren breiten Straßen, mit ihren Säulenhallen, Tempeln, Mauern, brachte es trotzdem, solange sie in den Händen des Dionysius war, keineswegs so weit, daß sie ein Gemeinwesen bildete. Denn das Volk hatte gar nichts zu sagen, und das Volk selbst war einem einzigen Menschen ausgeliefert. Wo also ein Tyrann ist, da muß man sagen, daß nicht nur, wie ich gestern erklärt habe, ein mit Fehlern behaftetes, sondern, wozu jetzt die Überlegung zwangsläufig führt, überhaupt kein Gemeinwesen existiert.

32 (44) *Laelius:* Ausgezeichnet! Ich sehe ja auch bereits, wohin dein weiterer Vortrag zielt.

Scipio: Du siehst also, daß auch dieses staatliche Gebilde, das ganz der Machtbefugnis einer Parteigruppe ausgeliefert ist, in Wirklichkeit nicht ein Gemeinwesen genannt werden kann.

Laelius: Ja, diese Ansicht teile ich voll und ganz.

Scipio: Und zwar durchaus richtig! In was für einem Zustand befand sich damals der athenische Staat, als nach dem großen peloponnesischen Krieg jene dreißig Männer ihr höchst ungerechtes Regiment über die Stadt ausübten[90]! Stellte etwa der alte Ruhm der Bürgerschaft oder das herrliche Bild der Stadt oder das Theater, die Gymnasien, die Säulenhallen oder die berühmten Propyläen oder die Burg oder die bewunderungswürdigen Werke eines Phidias oder der prächtige Piraeus ein Gemeinwesen dar?

Laelius: Keineswegs, weil es ja nicht eine Sache des Volkes war.

Scipio: Wie war es, als in Rom die Dezemvirn ohne Berufungsmöglichkeit in jenem dritten Jahr regierten, als die Freiheit selbst ihre Rechtsansprüche verloren hatte[91]?

Laelius: Das war keine Sache des Volkes. Im Gegenteil, das Volk war darauf aus, seine Sache wiederzugewinnen.

33 (45) *Scipio:* Ich komme jetzt zu jener dritten Form, bei der vielleicht Schwierigkeiten auftauchen werden. Wenn man erklärt, es werde alles durch das Volk getan und von dem Volk gehe die gesamte Macht aus, wenn die große Masse die Todesstrafe an jedem Beliebigen vollzieht, wenn sie alles rauben und plündern, festhalten, verschleudern, was sie wollen, kannst du dann, mein Laelius, behaupten, dies sei kein Gemeinwesen? Wo doch alles dem Volk gehört, und wir wollen ja doch, daß das Gemeinwesen Sache des Volkes sei.

Laelius: Rascher möchte ich wohl keinem staatlichen Gebilde die Bezeichnung ›Gemeinwesen‹ absprechen, als wenn es voll und ganz der Machtbefugnis der großen Masse ausgeliefert ist. Denn wenn wir schon nicht damit einverstanden waren, daß in Syrakus ein Gemeinwesen existiert habe, und auch nicht in Agrigent, nicht in Athen, als dort Tyrannen waren, auch nicht hier zur Zeit der Dezemvirn, so sehe ich nicht, wie bei der Gewaltherrschaft der großen Masse der Name ›Gemeinwesen‹ eher in Erscheinung treten sollte. Denn fürs erste existiert für mich der Begriff ›Volk‹, wie du ganz ausgezeichnet definiert hast, nur unter der Voraussetzung, daß es durch die Übereinstimmung des Rechts zusammengehalten wird. Aber ein solcher Zusammenschluß ist ebenso ein Tyrann, als wenn es sich nur um eine Einzelperson handelte, und zwar ein um so abscheulicherer, weil es nichts Menschenwidrigeres gibt als das Untier, das das äußere Erscheinungsbild eines Volkes nachahmt und den Namen auf sich überträgt. Aber es reimt sich nicht zusammen, wenn zwar die Güter von Wahnsinnigen in der Verfügungsgewalt von Anverwandten sich befinden ...[92]

34 (46) *Scipio:* ... denn über die Optimaten könnte etwa das gleiche gesagt werden zur Begründung der Behauptung, daß bei ihnen von einem ›Gemeinwesen‹ und von einer ›Sache des Volkes‹ zu reden sei, wie es von der monarchischen Staatsform gesagt worden ist.

Mummius: Und noch viel mehr! Denn von einer Ähnlichkeit mit einer Gewaltherrschaft kann man eher bei einem König sprechen, weil er eine Einzelperson ist. Wenn jedoch in einem Gemeinwesen sich eine Mehrzahl von ›Guten‹ der Herrschaft bemächtigt, so kann es keinen glücklicheren Zustand geben. Aber dennoch will ich lieber ein Königtum als ein selbstherrliches Volk. Denn daß du über diese dritte Art eines höchst fehlerhaften Gemeinwesens sprichst, das steht noch aus.

35 (47) *Scipio:* Ich erkenne diese deine Art, Spurius, die ganz abgeneigt ist demokratischen Grundsätzen. Und wenn auch dieser Einstellung eine freundlichere Seite abgewonnen werden kann, als sie bei dir zu finden ist, so muß ich dir doch darin beipflichten, daß man von diesen drei Grundformen keiner weniger zustimmen kann. Darüber bin ich jedoch mit dir nicht einig, daß die Optimatenherrschaft einer gerechten Königsherrschaft vorzuziehen sei. Wenn nämlich die Weisheit es ist, die den Staat lenkt, was macht es dann aus, ob über diese ein einzelner oder eine Mehrzahl verfügt? Aber bei einer solchen Form der Erörterung verfallen wir in einen gewissen Irrtum: wenn nämlich die Bezeichnung ›Optimaten‹ gebraucht wird, so kann es den Anschein haben, als ob es nichts Vorzüglicheres gebe. Denn was kann Besseres erdacht werden als das Beste? Wenn aber ein König erwähnt worden ist, so tritt uns auch gleich in unserer Vorstellung das Bild eines ungerechten Königs entgegen. Wir jedoch re-

119

den jetzt nicht von einem ungerechten König, wo es bei unserer Untersuchung um das Prinzip eines monarchisch gesteuerten Gemeinwesens geht. Darum stelle dir in Gedanken einen Romulus oder Pompilius oder Tullus als König vor! Vielleicht wirst du dann nicht so ganz unzufrieden sein mit einem solchen Gemeinwesen.

(48) *Mummius:* Was für ein Lob läßt du also für ein demokratisches Gemeinwesen übrig?

Scipio: Wie? Wir waren doch neulich miteinander bei den Rhodiern, Spurius. Scheint dir denn dort überhaupt kein Gemeinwesen zu existieren?

Mummius: Freilich scheint es mir, und zwar eines, das keineswegs zu tadeln ist.

Scipio: Richtig bemerkt! Allein, wenn du dich erinnerst, dort waren sich alle gleich, ob sie nun aus dem Volke stammten oder Senatoren waren. Sie wechselten nur in den Monaten ab, in denen sie ihre Aufgabe als Mann des Volkes und in denen sie die eines Senators erfüllten. In beiden Fällen aber erhielten sie Diäten. Sowohl im Theater wie in der Curie urteilten die gleichen Männer über Kapitalverbrechen und alle sonstigen Fragen. Der Senat verfügte über die gleiche Macht und genoß die gleiche Wertschätzung wie die große Masse …

Nicht sicher einzureihende Fragmente des Buches III.

1. Es liegt also in dem Wesen des einzelnen Menschen immer etwas Unruhevolles, das entweder in sinnlicher Lust über die Stränge schlägt oder unter Beschwernis zusammenbricht.

2. Die Punier haben als erste durch ihren Handel und ihre Waren Habsucht, Großmannssucht und unersättliche Begierden nach allen möglichen Dingen in Griechenland eingeführt.

3. Jener Sardanapallus war durch seine Charakterfehler noch viel häßlicher als durch seinen bloßen Namen.

4. Es sei denn, daß jemand den Athos an Stelle eines Denkmals von Grund auf aufführen wollte. Denn welcher Athos oder Olymp ist so groß!

*Ich werde an geeigneter Stelle zu zeigen mich bemühen –
und zwar nach den Definitionen von Cicero selbst, mit denen er den Begriff eines Gemeinwesens und den eines Volkes mit den Worten Scipios in aller Kürze festgelegt hat,
wobei noch eine Reihe zustimmender Ansichten von Cicero
selbst oder von den in dem Gespräch auftretenden Personen
zu Worte kommen –, daß dies nie ein wirkliches Gemeinwesen gewesen ist, weil in ihm nie wahre Gerechtigkeit geherrscht hat. Aber nach anderen Definitionen, die eher Bei-
fall verdienen, ist es doch ein Gemeinwesen, und zwar nach
seiner besonderen Art, gewesen, und es wurde von den älteren Römern besser verwaltet als von den späteren.*

(Aug. civ. II 21)

Viertes Buch[93]

Dennoch will ich, da ja die Rede auf den Körper und die Seele gekommen ist, versuchen, das Grundwesen von beiden, soweit ich es mit der beschränkten Reichweite meines Verstandes zu durchschauen vermag, auseinanderzusetzen. Diese Aufgabe glaube ich aus dem Grunde besonders übernehmen zu sollen, weil Marcus Tullius, ein geistig einzigartiger Mann, in dem vierten Buch über den Staat diesen Versuch zwar machte, aber den breit ausladenden Stoff zu eng beschränkte, indem er oberflächlich nur die Hauptpunkte herauspflückte. Und damit er sich ja nicht entschuldigen müsse, warum er dieses Gebiet nicht voll ausgeschöpft habe, hat er selbst bezeugt, daß es ihm weder an dem guten Willen noch an der nötigen Hingabe gefehlt habe. Denn in dem ersten Buch »Über die Gesetze«, wo er eben diesen Stoff summarisch zusammenfaßte, spricht er sich folgendermaßen aus: Dieses Gebiet hat, wie mir scheint, Scipio in den Büchern, die ihr gelesen habt, ausführlich genug dargelegt.

(Lact. opif. I 11–13)

... Und eben der Verstand, der das Zukünftige sieht, erinnert sich an das Vergangene ...

Denn, wenn es niemand gibt, der nicht lieber sterben als in irgendeine Tiergestalt verwandelt werden wollte, mag er gleich seinen menschlichen Verstand behalten, um wieviel jämmerlicher ist es dann, in der menschlichen Gestalt eine vertierte Seele zu haben! Mir wenigstens erscheint dies um so viel schlimmer, als die Seele höher steht als der Körper.

... er glaube nicht, daß das Gute eines Widders und das des Publius Africanus identisch seien ...

Kurz, sie bewirkt durch das abwechselnde Entgegenstellen gleichmäßig Schatten und Nacht, die sowohl zur Zählung der Tage wie zur Erholung von Anstrengungen dienlich ist.

... und wenn im Herbst die Erde sich geöffnet hat, um den Samen der Feldfrüchte zu empfangen, wenn sie im Winter ... erschlafft ist und im sommerlichen Reifen die Früchte teils weich gemacht, teils gedörrt hat.

..., wenn sie für das Vieh Hirten beiziehen.

2 (2) *Scipio:* ... Dank, wie trefflich sind die Stände geordnet, die Altersstufen, die Klassen, die Ritterschaft, zu der auch die Stimmen des Senats rechnen, wobei diese nützliche Ordnung törichterweise bereits allzu viele beseitigt wissen wollen, die eine neue Schenkung fordern auf Grund eines die Übergabe der Pferde betreffenden Volksbeschlusses[94]

3 (3) Überlegt nun, wie weise für alles übrige Vorsorge getroffen ist zur Sicherung jener glücklichen und ethisch begründeten bürgerlichen Lebensgemeinschaft! Dies ist ja der erste Grund eines Zusammenschlusses, und dieser Gewinn muß sich aus einem Gemeinwesen für die Menschen ergeben, teils aus dessen staatlichen Einrichtungen, teils aus den Gesetzen. Fürs erste haben sie nicht gewollt, daß eine Jugenderziehung für Freigeborene in einem bestimmten gesetzlichen Rahmen festgelegt oder von Staats wegen für verbindlich erklärt oder für alle einheitlich geregelt werde. Mit dieser Jugenderziehung haben sich ja die Griechen viele vergebliche Mühe gemacht, und dies ist das einzige Gebiet, auf dem unser Gastfreund Polybius unseren Einrichtungen Nachlässigkeit vorwirft.

... man habe gewöhnlich den Soldaten, die zum Militärdienst einrückten, Aufseher beigegeben, unter deren Leitung sie im ersten Jahre standen ...

... nicht nur, wie in Sparta, wo die Knaben rauben und stehlen lernen ...

... es sei ein Schimpf für die Jünglinge gewesen, wenn sie keine Liebhaber hätten ...

4 (4) *Scipio:* ... daß ein erwachsener junger Mann sich entblöße. So tief waren gewissermaßen die Grundlagen des

Schamgefühls verankert! Wie widersinnig ist dagegen die Übung der Jugend in den Gymnasien! Wie leicht jener Militärdienst der Epheben! Wie bindungslos und ungehemmt die körperlichen Berührungen und die Liebschaften! Ich übergehe die Eleer und die Thebaner, bei denen in der Liebe der Freigeborenen die sinnliche Lust sich ungezügelt austoben konnte und dazu noch erlaubt war. Die Lacedaemonier selbst, wenn sie außer dem Akt der Unzucht in der Knabenliebe alles gestatten, trennen wahrlich die Ausnahme, die sie machen, nur durch eine dünne Scheidewand. Umarmungen und Beischlaf erlauben sie, wenn das Oberkleid dazwischen liegt.

Laelius: Ich erkenne klar, Scipio, daß du bei diesen von dir getadelten Erziehungsgrundsätzen Griechenlands lieber mit den berühmtesten Völkern als mit deinem Platon streiten willst, den du auch nicht mit einem Wort berührst, zumal da ...

5 (5) *Dessen (Sokrates) Hörer Platon – Tullius nennt ihn den Gott der Philosophen – hat zwar allein von allen so die Philosophie betrieben, daß er der Wahrheit näher kam, aber, da er Gott nicht kannte, ist er in vielen Dingen so gestrauchelt, daß niemand schlimmer in die Irre gegangen ist. Und dies war besonders deshalb der Fall, weil er in seinen staatspolitischen Schriften wollte, daß alles allen gemeinsam sei. Bei den ererbten Vermögen mag dies noch hingehen, wenn es auch ungerecht ist. Denn es darf keinem schaden, wenn er durch eigenen Fleiß mehr hat, oder nützen, wenn er durch eigene Schuld weniger hat. Aber, wie gesagt, es kann irgendwie ertragen werden. Werden auch die Gattinnen, auch die Kinder Gemeingut sein? Wird es dann überhaupt keinen Unterschied des Blutes, kein bestimmtes Geschlecht, keine Familien, keine Blutsverwandtschaften, keine Verschwägerungen mehr geben, sondern wird alles wie bei den Viehherden zu einer ungeordneten, unterschiedslosen Masse werden? Werden die Männer keine Selbstbeherrschung, keine Keuschheit die Frauen zeigen? Wie kann es bei beiden Teilen*

*eine eheliche Liebe geben, wo bei ihnen keine bestimmte,
persönliche Zuneigung vorliegt? Wer wird gegen seinen Vater liebevoll sein, wenn er nicht weiß, woher er stammt?
Wer wird seinen Sohn lieben, wenn er ihn für einen fremden
hält? Ja, er hat sogar den Frauen das Rathaus aufgeschlos-
sen, ihnen den Militärdienst, die Beamtenstellen und Be-
fehlshaberstellen überlassen. Welches Unglück wird über
jene Stadt kommen, in der die Aufgaben der Männer von
den Frauen übernommen werden!* (Lact. epit. 33 [38], 1–5)

... und unser Platon noch mehr als Lykurg. Er ordnet ja
an, daß überhaupt alles Gemeingut sei, damit kein Bürger
sagen könne, irgendein Gegenstand sei sein Eigentum oder
ihm gehörig ...

... ja, ich für meine Person, und zwar eben dorthin, wohin jener den Homer mit Kränzen umwunden und von Sal-
ben triefend aus der Stadt hinausschickt, die er sich selbst
vorphantasiert ...

6 (6) ... das Urteil des Censors bringt dem Verurteilten in
der Regel keinen Nachteil außer der Schamröte. Wie daher
diese ganze Urteilssprechung sich lediglich auf den Namen
beschränkt, so ist auch jene Rüge (des Censors) ignominia
(d. h. Namenlosigkeit) genannt worden ...

... vor deren Strenge soll zuerst die Bürgerschaft einen
Schrecken gehabt haben ...

... es soll aber über die Frauen kein Vorsteher gesetzt
werden, wie er bei den Griechen gewöhnlich gewählt wird,
sondern es soll ein Censor da sein, der die Männer lehrt, wie
man auf die Frauen einen maßgebenden Einfluß ausübt ...

Eine solche Macht übt die Erziehung zur Sittsamkeit aus;
alle Frauen trinken keinen Wein ...

... und auch, wenn eine in schlechtem Rufe stand, boten
ihr die Blutsverwandten keinen Kuß an ...

... so ist vom Bitten die Aufdringlichkeit, vom Fordern,
d. h. Verlangen, die Frechheit benannt worden ...

7 (7) ... ich will nämlich nicht, daß das gleiche Volk
Herrscher und Zöllner der Welt sei. Für das beste Einkom-

men aber im Privathaushalt wie im Staatshaushalt erachte ich die Sparsamkeit ...

... Zuverlässigkeit scheint mir eben ihren Namen davon zu haben, wenn zuverlässig geschieht, was gesagt wird[95] ...

... bei einem hervorragenden Bürger und einem vornehmen Manne ist Schmeichelei, Prahlen, Buhlen um Gunst Zeichen eines oberflächlichen Charakters ...

Schau ein wenig eben die Bücher über den Staat an, aus denen du die leidenschaftliche Zuneigung für den in höchstem Maße wohlgesinnten Bürger geschöpft hast, weil es für die Guten kein Maß und keine Grenze in der Sorge für das Vaterland gebe, schau es dir an, ich beschwöre dich, und sieh, mit welchen Lobpreisungen dort bescheidene Lebenshaltung und Selbstbeherrschung gerühmt wird, und gegenüber der ehelichen Bindung Treue und ein sittliches Verhalten, das auf Keuschheit, Anständigkeit und Rechtschaffenheit beruht!

(Aug. epist. 91, 3)

8 (8) Ich bewundere es, und zwar nicht nur die Gewähltheit des Stoffes, sondern auch der Darstellung[96]. »Wenn sie zanken«, sagt er: eine Auseinandersetzung zwischen Wohlgesinnten, nicht ein Rechtsstreit zwischen persönlichen Feinden, wird ›Zank‹ genannt ...

... also ist das Gesetz der Auffassung, daß sich Nachbarn zanken, nicht miteinander prozessieren ...

... dieselben Grenzen seien für die menschliche Sorge und für das menschliche Leben gesetzt. So ist durch das Pontifikalrecht die Unantastbarkeit des Begräbnisses gewährleistet ...

... weil sie die unbestattet gelassen hätten, die sie wegen des heftigen Sturmes nicht aus dem Meere hatten retten können, töteten sie diese unschuldig[97] ...

... und ich habe bei dieser Meinungsverschiedenheit nicht die Sache des Volkes, sondern die der Gutgesinnten übernommen ...

... denn nicht leicht kann man einem seiner Kraft bewuß-

ten Volke Widerstand leisten, wenn man ihm überhaupt kein
Recht oder zu wenig zuteilt ...

... möchte ich doch ihm wenigstens der Wahrheit entsprechend, treu und in ausgiebigem Umfang geweissagt haben ...

9 (9) ... kommt zu ihnen noch das Beifallsgeschrei für das
Volk gleichwie für einen großen, weisen Lehrer, was für
eine Finsternis verbreiten jene Leute, was für Schreckgespenster führen sie heran, was für Leidenschaften entflammen
sie!

*... Cicero sagt, auch wenn ihm seine Lebenszeit verdop-
pelt würde, werde er keine Zeit haben, Lyriker zu lesen.*

(Sen. ep. 49, 5)

10 (10) *Scipio:* ... Da sie die Schauspielkunst und die
ganze Bühne für einen schimpflichen Vorgang hielten, wollten sie (die Römer), daß diese Menschenklasse nicht nur nicht
die Ehre der übrigen Bürger genießen, sondern sogar durch
die Rüge des Censors aus der Tribus verstoßen werden solle.

(11) ... niemals hätten die Komödien, wenn nicht die Ge-
wöhnung des Lebens es zulassen würde, ihre Schändlichkei-
ten den Theatern glaubhaft machen können ...

Wen hat jene (Komödie) nicht angegriffen oder besser,
wen hat sie nicht gequält, wen hat sie verschont? Es sei so!
Demagogen, Menschen mit schlechtem Charakter, solche, die
in der Politik ihre revolutionäre Gesinnung betätigen, einen
Cleon, Cleophon, Hyperbolus hat sie sich vorgenommen.
Wollen wir das hinnehmen, wenngleich derartige Bürger bes-
ser vom Censor als vom Dichter gerügt werden? Aber daß
Perikles, als er schon eine lange Reihe von Jahren seinen
Staat in Krieg und Frieden geleitet und dabei höchstes An-
sehen genossen hatte, mit Versen beleidigt und auf der
Bühne vorgeführt wurde, das gehörte sich ebensowenig, wie
wenn unser Plautus oder Naevius den Publius und Gnaeus
Scipio oder Caecilius den Marcus Cato hätte schmähen wol-
len.

(12) ... Unsere Zwölftafeln haben dagegen, obwohl sie

nur auf sehr wenige Vergehen die Todesstrafe gesetzt haben, geglaubt, unter diesen Vergehen auch die festsetzen zu sollen, wenn einer ein Spottlied anstimme oder ein Gedicht mache, das einem anderen Schmach und Schande einbringe. Ausgezeichnet: denn den Gerichtsurteilen der Beamten, den auf gesetzmäßiger Grundlage beruhenden richterlichen Entscheidungen müssen wir unsere Lebensführung unterbreitet haben, nicht den geistreichen Einfällen von Dichtern, und wir dürfen eine üble Nachrede nur unter der Bedingung anhören, daß es uns möglich ist, darauf zu antworten und uns vor Gericht zu verteidigen.

... den alten Römern habe es nicht gefallen, daß ein Mensch auf der Bühne zu seinen Lebzeiten gelobt oder getadelt werde.

Die Komödie, sagt Cicero, sei eine Nachahmung des Lebens, ein Spiegel der Gewohnheit, ein Abbild der Wahrheit.
(Donat. exc. de com. p. 22, 19 Wessner)

Scipio: Der Athener Aeschines, ein Mann von größter Beredsamkeit, hat zuerst als Jüngling Tragödien aufgeführt und sich dann der Politik verschrieben, und den tragischen Dichter Aristodemus, der zugleich Schauspieler war, haben die Athener oft in Angelegenheiten des Friedens und des Krieges als Gesandten zu Philipp geschickt.

Fünftes Buch[98]

1 (1) »Auf seinen alten Sitten, seinen Männern ruht das
Römertum«, diesen Vers scheint mir jener wie aus einem
Orakel verkündet zu haben[99]. Denn weder Männer hätten
ein so großes Gemeinwesen, das über ein so vielseitiges,
weitgespanntes Machtgebiet verfügt, begründen oder so
lange zu halten vermocht, wenn nicht die Bürgerschaft so
gesittet gewesen wäre, und auch die Sitten wären hiezu nicht
imstande gewesen, wenn nicht diese Männer an der Spitze
gestanden wären. Daher zog vor meiner Zeit eben die über-
kommene Sitte die hervorragenden Männer zur Staatsführung heran, und an der alten Sitte und an den Einrichtungen
der Vorfahren hielten überragende Männer fest. (2) Aber
unsere Zeit hat das Gemeinwesen wie ein prächtiges Gemälde übernommen, bei dem allerdings infolge des Alters bereits die Farben verbleichen, und sie hat es nicht nur
versäumt, dieses Gemälde in seinen ursprünglichen Farben
wieder aufzufrischen, sondern nicht einmal dafür Sorge getragen, wenigstens seinen Rahmen und gleichzeitig seine
äußersten Umrisse zu erhalten. Denn, was bleibt von den
alten Sitten, auf denen, wie jener sagte, das Römertum be-
ruhe? Sehen wir doch, wie diese so sehr in Vergessenheit
versunken sind, daß man sie schon nicht mehr kennt, geschweige denn, daß man sie pflegt. Denn was soll ich von
den Männern sagen? Sind doch eben die Sitten deshalb zugrunde gegangen, weil es an wirklichen Männern fehlt. Für
dieses große Unheil müssen wir nicht nur Rechenschaft ab-
legen, sondern auch uns wie Leute, die gleichsam eines Kapi-
talverbrechens angeklagt sind, irgendwie vor Gericht ver-
antworten. Unsere eigenen Laster, nicht ein Zufall, sind ja
schuld, daß wir nur noch dem Worte nach an dem Gemeinwesen festhalten, aber es in Wirklichkeit längst verloren.

129

2 (3) *Manilius (?):* ... nichts stelle so sehr eine königliche Aufgabe dar, wie darzulegen, was unter der Gleichheit vor dem Gesetz zu verstehen ist, worunter auch die Deutung des bestehenden Rechtes fiel, das der einzelne private Bürger von den Königen zu erbitten pflegte[100]. Aus diesen Gründen wurden Ackerfluren, Baumpflanzungen, ausgedehnte, fette Weiden abgegrenzt, die Eigentum des Königs sein und bebaut werden sollten, ohne daß dem König irgendwelche Mühe und Anstrengung daraus erwachse. Es sollte ihn keine sorgende Beanspruchung durch eine private Aufgabe von seinen dem Volk zu widmenden Regierungspflichten ablenken. Aber kein Privatmann war befugt, in einem Rechtsstreit eine entscheidende oder schiedsrichterliche Funktion auszuüben, sondern alles war von den Urteilssprüchen des Königs abhängig. Wie mir scheint, hat unser Numa ganz besonders an dieser alten Sitte der griechischen Könige festgehalten. Denn die übrigen haben zwar auch dieses Richteramt ausgeübt, aber dabei großenteils Kriege geführt und deren Rechtssatzungen hochgehalten. Aber jener langanhaltende Frieden des Numa hat für diese unsere Stadt gleichsam die Mutter des Rechts und der Religion gebildet. Er ist ja auch der gewesen, der die noch heute vorhandene Gesetze aufgeschrieben hat, und das war die besondere Aufgabe dieses Bürgers, um den es hier bei uns geht ...

3 (4) ... aber doch bedarf er, wie ein guter Hausvater, einer gewissen Erfahrung im Ackerbau, im Hausbau und im Rechnungswesen ...

(5) *Scipio:* ... daß ein Gutsverwalter die Beschaffenheit von Wurzeln und Samen kennenlernt, nimmst du etwa daran Anstoß?

Manilius: Nein! Wenn nur sein Werk sichtbaren Erfolg haben wird.

Scipio: Bist du nun der Meinung, darauf habe der Gutsverwalter seine eifrige Tätigkeit zu richten?

Manilius: Keineswegs! Denn sonst könnte gar oft der Fall eintreten, daß über diesem Bemühen die Feldbestellung zu kurz kommt.

Scipio: Wie also der Gutsverwalter die Beschaffenheit seines Ackerbodens kennt, der Rechnungsführer seine Buchführung versteht, beide aber sich nicht mit der Freude an ihrem Wissen begnügen, sondern ihren Blick darauf richten, wie sie dieses Wissen praktisch verwerten, so mag dieser unser Staatslenker allerdings sich darum bemüht haben, Recht und Gesetze kennenzulernen, jedenfalls wird er in ihre Quellen gründlich Einsicht genommen haben; aber er darf sich nicht durch immer wiederholtes Erteilen von Rechtsbescheiden, durch Viellesen und durch Vielschreiben hindern lassen, damit er gleichsam den Rechnungsführer des Gemeinwesens spielen und in ihm irgendwie die Rolle des Gutsverwalters übernehmen kann, als ein Mann, der in den Grundsätzen des Rechtes höchste Erfahrung besitzt, ohne die niemand überhaupt gerecht sein kann, zugleich auch als ein Mann, der nicht unkundig des bürgerlichen Rechtes ist, aber nur so weit, wie der Steuermann sich auf die Sterne, der Arzt auf die Naturwissenschaften versteht. Beide nämlich benützen diese Wissenschaften zur Ausübung ihres Berufes, lassen sich aber in ihrer eigentlichen Aufgabe nicht behindern.

4 (6) *Scipio:* ... am besten sind die Staaten daran, in denen die Besten nach Ruhm und Ehre streben, sich vor Schmach und Schande scheuen. Sie lassen sich aber weniger durch die Furcht vor gesetzlich festgelegter Strafe schrecken, als vielmehr durch ihr Gewissen, das die Natur dem Menschen gleichsam als eine Art Scheu vor nicht unberechtigtem Tadel gegeben hat. Dieses Gewissen hat jener Lenker der öffentlichen Angelegenheiten noch geschärft durch die Rücksichtnahme auf die öffentliche Meinung und hat durch seine Einrichtungen und Lehren erreicht, daß das Ehrgefühl die Bürger nicht weniger als die Furcht von Vergehen abhielt. Und das gehört zu seinem Lob. Es hätte noch breiter und ergiebiger ausgesprochen werden können.

5 (7) Aber für das Leben an sich und für die praktische Lebensführung ist durch Rechtssatzungen für die Eheschließung, durch Festlegung des Begriffs ›gesetzmäßige Kinder‹,

durch die Heiligung des Sitzes der Penaten und der zur Familie gehörigen Laren der Grundsatz verbindlich festgelegt worden, daß alle sich in den Genuß der allgemeinen wie der persönlichen Vorteile setzten, sodann, daß die Wohlfahrt des Gemeinwesens die unbedingte Voraussetzung des glücklichen Lebens des einzelnen bildet und daß es nichts Glücklicheres geben kann als einen wohl aufgebauten Staat. Daher erscheint es mir im allgemeinen höchst sonderbar zu sein, was für eine wissenschaftliche Lehre so bedeutend sein könnte, daß[101] ...

6 (8) *Scipio:* Denn, wie einem Steuermann glückliche Fahrt, einem Arzt das Heilen, einem Feldherrn die Erringung des Sieges, so ist diesem Lenker eines Gemeinwesens das glückliche Leben seiner Bürger als Aufgabe gestellt: es soll durch Macht gesichert, durch materielle Mittel wohlbestellt, durch Ruhm nach außen ansehnlich, durch Tugend sittlich gefestigt sein. Denn ich will, daß jener Mann der Vollender dieser höchsten und besten menschlichen Aufgabe sei. Und wo ist der Mann – auch eure Schriften loben ja jenen Lenker des Vaterlandes –, der für den Nutzen des Vaterlandes mehr sorgt als für das Durchsetzen seiner eigenen Wünsche?

7 (9) *Auch Tullius konnte hierauf sich nicht verstellen in diesen selben Büchern über den Staat, wo er über die Bildung eines Staatslenkers spricht, der nach seinen Worten durch Ruhm ernährt werden müsse, und wobei er folgerichtig darauf hinweist, daß seine Vorfahren viele wunderbare Taten aus Ruhmsucht ausgeführt haben* ... (Aug. civ. V 13)

... ein Staatsführer müsse durch Ruhm ernährt werden, und ein Staat habe so lange Bestand, wie von allen dem Führer Ehre erwiesen werde ...

... dann würde nach dem Gesichtspunkt von Tugend, Anstrengung und tätigem Einsatz die Veranlagung des höchsten Mannes gesucht, wenn nicht allzu ungestüm sein wildes Wesen ihn irgendwie ...

... diese Tugend wird Tapferkeit genannt. Zu ihr gehören Seelengröße und eine weitgehende Verachtung von Tod und Schmerz ...

8 (10) ... Marcellus als ein Mann von heftigem, kampflustigem Wesen, Maximus als einer von besonnener, bedächtiger Art ...

... von dem Erdkreis umfaßt ...

... weil er mit den Beschwernissen seines hohen Alters eure Familien belasten könnte ...

9 (11) ... wie der Spartaner Menelaus eine angenehm wirkende Liebenswürdigkeit im Sprechen besaß ...

Knappheit im Reden möge er üben ...

Scipio: ... und da nichts in einem Gemeinwesen so unverfälscht sein muß wie eine Abstimmung, wie eine Meinungsäußerung, verstehe ich nicht, warum der, der beides durch Bestechung verfälscht, Strafe verdient, wer dies aber mit Hilfe seiner Beredsamkeit tut, sogar Lob erntet. Mir wenigstens scheint der, der mit seiner Rede einen Richter besticht, deshalb mehr Unheil anzurichten, als der, der dies mit Geld tut, weil einen Ehrgefühl besitzenden Menschen niemand mit Geld bestechen kann, wohl aber durch Reden ...

Als dies Scipio gesagt hatte, da stimmte ihm in vollem Umfange Mummius bei (denn es erfüllte ihn eine gewisse tiefe Abneigung gegen die Rhetoren) ...

... da wären für das beste Saatfeld herrliche Samen ausgestreut worden.

Sechstes Buch[102]

... Umfassend soll also die weise Voraussicht dieses Lenkers sein, die du erwartest. Von dem ›Voraussehen‹ hat sie eben diesen ihren Namen erhalten ...

In seiner »Staatsschrift« sagt Tullius, der Lenker des Gemeinwesens müsse ein Mann sein, der alle anderen überrage und an Gelehrsamkeit übertreffe, und zwar in der Richtung, daß er weise sei, gerecht, maßhaltend und beredt, daß er in geläufiger Beredsamkeit, was im Innern verborgen ist, ausdrückt, um die Masse des Volks zu lenken. Er muß sich auch auf das Recht verstehen, griechische Wissenschaften kennen. Beweis hiefür ist das Tun Catos, der in höchstem Alter sich mit den griechischen Wissenschaften abgab und dadurch kundtat, welch großer Nutzen in ihnen beschlossen sei.

(Comm. ms. in Cic. de inv. ap. Osann. p. 349)

... deshalb muß sich dieser Bürger notwendig so zum Kampf stellen, daß er immer gewappnet ist gegen alle Kräfte, die die Verfassung eines Staatswesens erschüttern ...

... und dieser Zwist der Bürger wird, weil sie getrennt gehen, die einen dahin, die anderen dorthin, ›Getrenntgehen‹ genannt.

... und wahrhaftig, bei einem Bürgerzwist, wenn die Gutgesinnten größeren Einfluß besitzen als die Menge, muß man die Bürger wiegen, nicht zählen ...

... denn die sinnlichen Leidenschaften üben eine drückende Herrschaft über die Gedanken aus. Ihr Zwang und ihr Herrschaftsbereich kennt keine Grenzen. Weil sie auf keine Weise befriedigt oder gesättigt werden können, bilden sie die Triebfeder zu jeglicher Übeltat für alle die Menschen, die sie durch ihre Verlockungen entflammt haben ...

2 (2) ... wer seine Macht und jenen zügellosen wilden Sinn zerbrochen hat ...

... dies war um so größer, weil sie zwar Amtsgenossen in gleicher Lage waren, aber in ihrem Verhaßtsein nicht nur nicht auf gleich standen, sondern sogar die Beliebtheit des Gracchus den Haß gegen Claudius ablenkte[103] ...

... wer sich der Zahl der Optimaten und Aristokraten verschrieben hat, der verzichtet auf jenen ernsten und würdevollen Ton seiner Stimme und seines gewichtigen Auftretens ...

... daß, wie jener schreibt, Tag für Tag auf das Forum tausend Menschen mit purpurgetränkten Mänteln[104] herabstiegen ...

... dabei hatte, wie ihr euch erinnert, durch die Zusammenrottung einer überaus leichtsinnigen Menge, die um Geld gedungen war, unerwartet das Begräbnis einen äußeren Prunk erhalten ...

... denn fest begründet wollten unsere Vorfahren die Ehen wissen ...

... die Rede des Laelius, die wir alle in Händen halten, wie die Opferschalen der Priester den unsterblichen Göttern willkommen sind und, wie er schreibt, die samischen Henkelschalen[105] ...

4 (4) *Einige von uns behaupten in ihrer Liebe zu Platon, die von seiner herrlichen Art zu reden herrührt und davon, daß er so manches der Wahrheit entsprechend erfühlt hat, er habe etwas Ähnliches wie wir auch über die Auferstehung der Toten empfunden. Diese Frage berührt Tullius in seinen Büchern über den Staat so, daß er versichert, er habe mit dieser Frage eher gespielt als behaupten wollen, daß dies wahr sei. Er gibt nämlich vor, ein Mensch sei von den Toten auferstanden und habe manches erzählt, was mit den Darlegungen Platons übereinstimmte.* (Aug. civ. XXII 28)

6 (6) *Es hat sich herausgestellt, daß Tullius diese Ordnung mit ebensoviel Urteilskraft wie Geist bewahrte. Als er bei*

der Erörterung jederzeit, mag es sich um die Beteiligung oder um das Abseitsstehen vom Getriebe des politischen Lebens gehandelt haben, der Gerechtigkeit die Palme gereicht hatte, stellte er die heiligen Sitze der unsterblichen Seelen und die Geheimnisse der himmlischen Gefilde eben an den Höhepunkt seines vollkommenen Werkes. Er zeigte damit an, wohin die gelangen, oder besser zurückkehren müssen, die das Gemeinwesen mit Klugheit, Gerechtigkeit, Tapferkeit und Selbstbeherrschung geleitet haben. Aber jener Platonsche Kronzeuge für die Geheimnisse war ein gewisser Mann namens Er, seiner Herkunft nach ein Pamphylier, von Beruf Soldat, der infolge der in der Schlacht empfangenen Wunden sein Leben ausgehaucht zu haben schien und erst am zwölften Tage mit den übrigen, die zusammen mit ihm umgekommen waren, als letzte Ehrung verbrannt werden sollte. Plötzlich, mag er nun seine Lebenskraft wiedergewonnen oder behalten haben, verkündigte er alles, was er in dem durchmessenen Zwischenleben getan und gesehen hatte, dem Menschengeschlecht, als ob er eine öffentliche Anzeige machte. Daß diese Fabel von Ungebildeten verlacht wurde, mag Cicero, als ob er sich selbst der Wahrheit bewußt wäre, bedauern, er hat doch unter Vermeidung, einen Vorgang törichten Tadels zu liefern, lieber wollen, daß der Erzähler wieder auferweckt wurde, als wieder auflebte.

7 (7) Und bevor wir den Wortlaut des Traumes befragen, müssen wir zuerst die Frage klären, von welcher Art von Menschen in der Darstellung des Tullius die Platonsche Fabel verlacht worden ist oder er für seine Person nicht das gleiche fürchtet. Unter diesen Worten will er nämlich nicht das ungebildete Volk verstanden wissen, sondern eine Menschenart, die mit ihrer Bildung prahlt, aber der Wahrheit nicht kundig ist, da von ihr feststehe, daß sie solches gelesen hatten und zum Tadel aufgelegt waren. Wir werden also sagen: einmal, welche Leute nach seinem Bericht einem so großen Philosophen eine leichtsinnige Rüge erteilt haben, sodann wer von ihnen eine schriftliche Anklage hinterlassen hat.

136

*Die ganze Clique der Epikureer, die in einem stets gleichen
Irrweg von der Wahrheit abweicht und immer das für lä-
cherlich ausgibt, was sie nicht versteht, hat das heilige Buch
und die erhabensten Geheimnisse der Natur verspottet.
Colotes vollends, der unter den Hörern des Epikur in besonders schlechtem Rufe steht und durch seine Geschwätzigkeit
berüchtigt ist, hat sogar in einem Buch seine bissigen und
spöttischen Bemerkungen niedergelegt. Aber das übrige, das
er zu Unrecht gerügt hat, sofern es keinen Bezug auf den
einen weiteren Abschnitt des Gesprächs bildenden Traum
nimmt, brauchen wir an dieser Stelle nicht weiter zu berühren. Jenen verleumderischen Vorwurf werden wir nicht aus
dem Auge verlieren, der, falls er nicht zunichte gemacht
wird, für Cicero genauso bleiben wird wie für Platon. Er
besagt, von einem Philosophen hätte eine Fabel nicht erfunden werden dürfen, da den Verkündern der Wahrheit keine
Art von Erdichtung zustehe. Warum ist denn, sagt er, wenn
du uns die Kenntnis der Himmelserscheinungen, wenn du
den Zustand der Seelen hast lehren wollen, dies nicht in einfacher Eindringlichkeit ohne Einschränkung besorgt worden,
sondern warum haben eine weithergeholte Person und ein
neuausgedachter Fall und eine gestellte Szene einer künstlich herangezogenen Erdichtung eben die Türe der Wahr-
heitssuche durch eine Lüge besudelt? Da solche Vorwürfe,
wenn sie gegen den platonischen Er erhoben werden, auch
sich gegen die Ruhe unseres träumenden Africanus richten, ... wollen wir dem Bedränger Widerstand leisten, und
er soll als vergeblicher Beschuldiger zurückgewiesen werden,
damit der eine Vorwurf entkräftet wird und beider Hand-
lungsweise, wie es recht ist, ihren hohen Wert unangetastet
bewahre.* (Macr. in somn. Scipionis I 1, 8–2, 5)

8 (8) *Denn den Scipio selbst hat folgende Gelegenheit
zum Erzählen seines Traumes veranlaßt, den er, wie er bezeugt hat, lange Zeit still bei sich behalten hatte. Als Laelius
sich darüber beklagte, daß dem Nasica keine Statuen in der
Öffentlichkeit als Belohnung für den Tyrannenmord*[106] *auf-*

gestellt worden seien, gab Scipio im Anschluß an andere Be-
merkungen folgendes zur Antwort:

Scipio: Zwar ist den Weisen schon das Bewußtsein hervorragender Taten der reichste Lohn für ihre Tugend, aber
es sehnt sich jene göttliche Tugend nicht nach Statuen, die
mit Blei verklammert sind, und auch nicht nach Triumphen
mit vertrocknendem Lorbeer, sondern nach dauerhafteren
und frischeren Arten von Belohnungen.

Laelius: Was sollen denn dies für Arten sein?

Scipio: Laß mich, da wir schon den dritten Ferientag
haben ... *und das übrige, mit dem er zu der Erzählung des
Traumes kam, wobei er darauf hinwies, jene Arten von Belohnungen seien dauerhafter und frischer, die, wie er selbst
gesehen habe, im Himmel für die guten Staatslenker aufbewahrt seien.* (Macr. in somn. Scip. I 4, 2 f.)

Der Traum Scipios

9 (9) Nach meiner Ankunft in Afrika, wo ich, wie ihr wißt, die Stelle eines Militärtribunen der vierten Legion bei dem Konsul M.' Manilius anzutreten hatte, war mein sehnlichster Wunsch, mit dem König Masinissa zusammenzukommen, dem aus triftigen Gründen unsere Familie in herzlicher Freundschaft zugetan war. Gleich bei meinem Kommen umarmte mich der Greis, brach in Tränen aus und schaute nach geraumer Weile zum Himmel auf, wobei er ausrief: »Dank sage ich dir, höchster Sol, und euch übrigen Himmlischen[107], daß ich vor meinem Scheiden aus diesem Leben in meinem Reich und unter diesem Dach P. Cornelius Scipio erblicken darf. Wenn ich nur seinen Namen höre, ist dies für mich schon eine Erquickung. So schwindet nie aus meinem Herzen die Erinnerung an diesen ausgezeichneten, unbesiegten Mann.« Daraufhin befragte ich ihn über sein Königreich, er mich über unser Gemeinwesen. Und so verging uns dieser Tag in einer regen gegenseitigen Aussprache.

10 (10) Dann wurde ich zu der königlichen Tafel beigezogen, und wir haben ein Gespräch geführt, das sich bis tief in die Nacht hinzog. Dieses bezog sich ausschließlich auf Africanus, wobei sich der Greis nicht nur an dessen sämtliche Taten, sondern auch an alle seine Aussprüche erinnerte. Als wir uns dann zum Schlafengehen trennten, da sank ich, müde von der Reise – ich hatte auch bis tief in die Nacht gewacht –, in einen ungewöhnlich festen Schlaf. Da zeigte sich – ich glaube, es war die Folge unseres Gesprächs; es geschieht nämlich gerne, daß unsere Gedanken und Gespräche im Schlaf derartige Erscheinungen zeitigen, wie sie von Homer Ennius[108] berichtet, über den er natürlich sehr oft nachzudenken und zu sprechen pflegte – Africanus in der Gestalt, die mir von seinem Bild her vertrauter war als von

ihm selbst. Wie ich ihn erkannte, schrak ich zusammen. Aber er rief aus: »Fasse Mut! Sei nicht weiter ängstlich, Scipio, und präge dir ein, was ich dir sagen will!

11 (11) Siehst du die Stadt dort, die durch mich gezwungen worden ist, dem römischen Volke zu gehorchen, die nun die früheren Kriege wieder aufnehmen will und nicht Ruhe zu halten vermag?« – Er zeigte aber auf Karthago herab von einem erhabenen, sternerfüllten, glänzenden und hellen Punkte. – »Sie zu bestürmen, kommst du jetzt, der du fast noch ein gewöhnlicher Soldat[109] bist, sie wirst du innerhalb von zwei Jahren als Konsul zerstören, und erworben wird dir sein durch dein eigenes Verdienst der Beiname, den du bisher lediglich als Erbstück von uns übertragen besitzest. Hast du aber Karthago zerstört, hast du einen Triumph gefeiert, hast du als Gesandter Ägypten, Syrien, Asien, Griechenland aufgesucht, wirst du zum zweitenmal, und zwar abwesend, zum Konsul gewählt werden, den größten Krieg beendigen und Numantia zerstören. Aber bist du erst auf dem Wagen auf das Kapitol gefahren, wirst du den Staat durch die Pläne meines Enkels in Verwirrung gestürzt antreffen.

12 (12) Hier wird dir die Pflicht erwachsen, Africanus, dem Vaterland das Licht deines Herzens und deines Verstandes und deiner politischen Klugheit leuchten zu lassen. Aber für diese Zeit sehe ich gleichsam eine doppelte Schicksalsstraße. Wenn nämlich deine Lebenszeit achtmal sieben Kehren und Umläufe der Sonne hinter sich hat und diese beiden Zahlen[110], von denen jede für eine volle gilt, jede aus einem anderen Grunde, in einer natürlichen Kreisbewegung dir die vom Schicksal bestimmte Summe vollgemacht haben, dann wird zu dir allein und zu deinem Namen sich die gesamte Bürgerschaft hinwenden, auf dich wird der Senat, auf dich werden alle Gutgesinnten, auf dich die Bundesgenossen, auf dich die Latiner schauen. Du wirst der einzige sein, auf dem das Heil der Bürgerschaft ruht. Kurz: als Diktator mußt du das Gemeinwesen in feste Ordnung bringen, wenn du den ruchlosen Händen deiner Verwandten entgangen bist.«

– Als an dieser Stelle Laelius laut auffuhr und die übrigen recht erheblich aufseufzten, da lächelte Scipio leicht und sagte: »St! Bitte, weckt mich nicht aus dem Schlaf! Hört noch eine Weile dem übrigen zu!« –

13 (13) »Damit du, Africanus, dich noch tatkräftiger für die Rettung des Staates einsetzest, so wisse: allen, die das Vaterland gerettet, unterstützt, gefördert haben, ist im Himmel ein sicherer Platz bestimmt, wo sie glücklich ein ewiges Leben genießen. Nichts ist nämlich jenem höchsten Gott, der die ganze Welt regiert, von allem irdischen Geschehen willkommener als die Versammlungen und Vereinigungen von Menschen, die sich auf der Grundlage des Rechts vollziehen und die den Namen ›Bürgerschaften‹ tragen. Deren Lenker und Erhalter gehen von hier aus und kehren wieder hierher zurück.«

14 (14) – An diesem Punkte war ich zwar sehr erschrokken, da mich nicht nur die Furcht vor dem Tode, sondern auch vor dem Anschlag bewegte, der von meinen eigenen Angehörigen ausgehen sollte. Trotzdem fragte ich, ob er selbst lebe und mein Vater Paullus und andere, von denen wir annahmen, daß sie tot sind. – »Aber freilich«, sagte er, »die leben, die aus den Fesseln ihres Körpers wie aus einem Gefängnis entflohen sind, aber euer sogenanntes Leben ist der Tod. Warum blickst du nicht auf deinen Vater Paullus, der dir naht?« – Wie ich ihn sah, vergoß ich einen Tränenstrom; er aber umarmte mich, küßte mich und wehrte meinen Tränen.

15 (15) Sobald ich das Weinen unterdrückt und die Sprache wiedergewonnen hatte, rief ich aus: »Heiligster, bester Vater, wozu, bitte, verweile ich auf der Erde, da ja, wie ich von Africanus höre, dies das wirkliche Leben ist? Warum komme ich nicht eilends hierher zu euch?« »Dem ist nicht so«, sagte er. »Nur wenn die Gottheit, dessen Tempel dieses All ist, das du erblickst, dich von dieser körperlichen Haft befreit, kann dir der Zugang hierher offenstehen. Denn die Menschen sind unter dem Gesetz geschaffen, daß sie jenen Erde genannten Ball, den du in der Mitte dieses Tempels

141

siehst, schützen sollen, und es ist ihnen der Geist aus jenen ewigen Feuern[111] gespendet, die ihr Himmelsbilder und Sterne nennt, die, rund zusammengeballt, mit göttlichem Geist beseelt, ihre Kreise und runden Bahnen mit wunderbarer Schnelligkeit durchlaufen. Darum mußt du, Publius, und müssen alle Frommen die Seele in der Haft des Körpers halten, und man darf nicht ohne Befehl dessen, der euch die Seele gegeben hat, aus dem menschlichen Leben wandern, damit ihr nicht den Anschein erweckt, als ob ihr euch der von Gott euch zugeschriebenen menschlichen Aufgabe entzogen habt.

16 (16) Doch so, Scipio, wie dieser dein Großvater, wie ich, der ich dich erzeugt habe, übe Gerechtigkeit und Frömmigkeit! Sie stellt etwas Großes gegenüber den Eltern und Verwandten, das Größte gegenüber dem Vaterlande dar. Ein solches Leben bedeutet den Weg in den Himmel und in die Versammlung derer, die ihr Leben bereits hinter sich gebracht haben und gelöst von ihrem Körper jenen Ort bewohnen, den du siehst« – es war dies aber ein Kreis, der, von Flammen umgeben, in vollstem Glanze erstrahlte –, »den ihr mit dem von den Griechen übernommenen Namen ›Milchkreis‹[112] nennt.« – Als ich daraufhin alles genau betrachtete, kamen mir auch die übrigen Erscheinungen herrlich und wunderbar vor. Es waren dies aber Sterne, wie wir sie noch nie von hier aus gesehen haben, und sie hatten alle eine solche Größe, wie wir sie nie vermutet haben. Unter ihnen war der der kleinste, der, von dem Himmel am weitesten entfernt und der Erde am nächsten, in fremdem Lichte strahlte. Die Kugeln der Sterne aber übertrafen unstreitig die Größe der Erde. Nun schien mir die Erde selbst in einer Weise klein, daß ich mit unserem Reich, mit dem wir gleichsam nur einen Punkt von ihr berühren, nicht mehr zufrieden war[113].

17 (17) Als ich sie noch näher anschaute, sagte Africanus: »Wie lange, bitte, wird dein Geist am Boden haften bleiben? Siehst du nicht die Tempel an, in die du gekommen bist? In neun Kreisen oder besser Kugeln[114] ist dir das All verbun-

den. Der eine davon ist der himmlische, der äußerste, der alle übrigen umschließt, der höchste Gott selbst, der die übrigen abschirmt und zugleich zusammenhält; in ihm sind verhaftet jene ewigen Bahnen der kreisenden Sterne. Ihm untergeordnet sind sieben, die in einer zu der Himmelsbahn entgegengesetzten Bewegung sich rückwärts drehen. Von diesen ist die erste Kugel von jenem auf der Erde Saturnia genannten Sternbild besetzt. Als zweite folgt jener für das Menschengeschlecht günstige und heilsame Glanz, welcher der des Iuppiter genannt wird. Dann folgt die rötliche, für die Erde schreckliche, den ihr die des Mars nennt. Fernerhin nimmt weiter unten etwa den mittleren Bereich die Sonne ein, die Führerin, Fürstin und Lenkerin der übrigen Lichter, der ordnende Weltgeist, die so groß ist, daß sie das All mit ihrem Glanze erleuchtet und erfüllt. Ihr folgen, wie Trabanten, die Bahnen, die eine der Venus, die andere des Mercur[115], und in dem untersten Kreis dreht sich der Mond, von den Strahlen der Sonne entflammt. Darunter[116] erstreckt sich ausschließlich der Bereich des Sterblichen und Hinfälligen, abgesehen von den Seelen, die dem Menschengeschlecht durch göttliche Fügung geschenkt sind. Oberhalb des Mondes ist alles ewig. Denn sie, die als die neunte in der Mitte ist, die Erde, ist unbeweglich und ist die unterste, und auf sie strebt alles hin, was Schwere hat, durch sein Gewicht.«

18 (18) In stummem Staunen schaute ich dies an, und als ich mich wieder gefaßt hatte, rief ich aus: »Was bedeutet dies? Was ist dies für ein Ton, ein so starker und so süßer, der meine Ohren erfüllt?«[117] Er antwortete: »Das ist der Ton, der, in ungleiche Abstände auseinanderfallend, die aber doch jeder an seinem festgesetzten Teil auf Grund genauer Berechnung gegliedert sind, durch den Antrieb und die Bewegung eben der Kreise hervorgerufen wird und, hohe mit tiefen Tönen mischend, gleichmäßig mannigfache Harmonien erzeugt. Denn nicht in der Stille können so gewaltige Bewegungen angetrieben werden, und es ist eine natürliche Erscheinung, daß, was zu äußerst liegt, auf der einen Seite tief, auf der anderen Seite hoch tönt[118]. Daher bewegt sich jene

höchste, sternführende Bahn des Himmels, deren Umdrehung beschleunigter erfolgt, in einem hohen, lebhaften Ton, in dem tiefsten jedoch diese Bahn des Mondes, die die unterste ist. Denn die Erde hängt als neunte, unbeweglich bleibend, immer an einem Sitz und nimmt die Mitte des Weltalls ein[119]. Jene acht Bahnen aber, von denen zwei die gleiche Kraft besitzen, erzeugen sieben, durch Intervalle geschiedene Töne, eine Zahl, die die Verknüpfung fast aller Erscheinungen darstellt. Dies haben gelehrte Männer auf Saiten und im Gesang nachgeahmt und sich damit den Rückweg an diesen Ort freigemacht, so wie andere, die mit ihren hervorragenden geistigen Veranlagungen in ihrem menschlichen Leben göttlichen Bestrebungen sich hingegeben haben.

(19) Sind menschliche Ohren von diesem Ton erfüllt, dann sind sie taub geworden. Und kein Sinn ist in euch abgestumpfter, so wie dort, wo der Nil zu den sogenannten Katadupen von sehr hohen Bergen herabstürzt, das jene Gegend bewohnende Volk wegen der Stärke des Tons keinen Gehörsinn hat. Dieser Ton aber ist durch die so sehr beschleunigte Umdrehung des ganzen Weltalls so stark, daß die menschlichen Ohren ihn nicht fassen können, so wie ihr auch nicht gerade in die Sonne schauen könnt, deren Strahlen euer Sehvermögen und euer Gesichtssinn nicht gewachsen ist.«

19 (20) So sehr ich darüber staunte, richtete ich doch immer wieder meine Augen zur Erde. Da sagte Africanus: »Ich merke, daß du immer noch den Sitz und die Heimstätte der Menschen betrachtest. Wenn sie dir, so wie sie in Wirklichkeit ist, klein erscheint, sollst du immer auf diese Himmelserscheinungen schauen und jene menschlichen Dinge verachten. Denn welche Berühmtheit im Munde der Menschen oder welchen erstrebenswerten Ruhm kannst du erlangen? Wie du siehst, wohnt man auf der Erde nur an einzelnen, eng begrenzten Stellen und eben auf diesen, ich möchte sagen, Flecken, die bewohnt sind, liegen weite Einöden dazwischen, und die Bewohner der Erde sind nicht nur so weit voneinander getrennt, daß nichts unter ihnen selbst

von den einen zu den andern fließen kann, sondern sie sind teils Gegenbewohner[120], teils Nebenbewohner, teils sogar Antipoden von euch. Von ihnen könnt ihr sicher keinen Ruhm erwarten.

20 (21) Du siehst aber, wie diese selbe Erde gleichsam von gewissen Gürteln umschlungen und umgeben ist. Von ihnen sind, wie du siehst, zwei am weitesten voneinander getrennt und, eben auf die Pole des Himmelsgewölbes auf beiden Seiten sich stützend, in Frost erstarrt, während jener mittlere und größte in der Glut der Sonne verdorrt. Nur zwei Gürtel sind bewohnbar, von denen jener südliche – die auf ihm stehen, drücken auf der Gegenseite eure Fußspuren – keine Beziehung zu eurem Geschlecht hat. Aber bei diesem von euch bewohnten Gürtel, der nördlich gelegen ist, sieh, mit welch schmalem Streifen er an euch stößt! Denn die ganze von euch bewohnte Erde verengt sich an den Polen, wird breiter an den Seiten und stellt eine kleine Insel dar, die umflossen ist von jenem Meere, das ihr auf der Erde das Atlantische, das Große, das ihr Ozean nennt, das einen so großen Namen hat und das dabei, wie du siehst, so klein ist.

(22) Hat aus diesen bewohnten, bekannten Ländern dein Name oder der irgendeines von uns diesen Caucasus, den du siehst, überschreiten oder jenen Ganges[121] durchschwimmen können? Wer wird in den übrigen Gebieten, mögen sie am äußersten Rande der aufgehenden oder untergehenden Sonne, im Norden oder im Süden liegen, deinen Namen hören? Trennst du diese Gebiete ab, dann siehst du fürwahr, in welch engem Raum sich euer Ruhm ausbreiten will. Sie selbst, die über uns sprechen, wie lange werden sie sprechen?

21 (23) Ja sogar, selbst wenn jene zukünftige Menschheitsgeneration der Reihe nach die Lobsprüche, die jeder einzelne von uns von den Vätern erhalten hat, der Nachwelt weiterzugeben wünschte, so könnten wir doch nicht wegen der Sintfluten und Weltenbrände[122], die naturnotwendig in bestimmten Zeitabständen eintreten, einen Ruhm auf lange

145

Dauer, geschweige denn auf ewig, erlangen. Was aber liegt daran, daß die später Geborenen von dir reden werden, wo doch von denen, die vor dir geboren sind, kein einziger über dich geredet hat?

22 (24) Und diese sind doch nicht geringer an Zahl, aber gewiß besser gewesen, zumal da eben bei denen, die unseren Namen hören können, niemand sich das Gedenken für ein einziges Jahr verschaffen könnte. Denn die Menschen messen im allgemeinen ein Jahr nur nach der Umlaufzeit der Sonne, d. h. eines einzigen Gestirns, in Wirklichkeit ist es aber so: erst wenn alle Gestirne wieder einmal an ihren Ausgangspunkt zurückgekehrt sind und wenn sie nach langen Zwischenzeiten wieder dieselbe Konstellation am ganzen Himmel gebracht haben, dann kann von einer wirklichen Jahreswende geredet werden. Wie viele Jahrhunderte in einem solchen Weltenjahr enthalten sind, wage ich kaum zu sagen. Denn wie dereinst die Sonne den Menschen sich zu verfinstern und ganz zu erlöschen schien – es war in dem Augenblick, da die Seele des Romulus eben in diese Tempel einzog –, so sollst du die Vorstellung haben, erst wenn die Sonne auf derselben Seite und zu derselben Zeit zum zweitenmal sich verfinstert hat, ist mit der Rückkehr aller Himmelszeichen und Sterne zu dem gleichen Ausgangspunkt ein Jahr erfüllt. Du sollst wissen, daß von diesem Jahr noch nicht der zwanzigste Teil umgelaufen ist[123].

23 (25) Wenn du daher die Hoffnung aufgegeben hast, an diesen Ort zurückzukehren, auf den große und berühmte Männer ihr ganzes Sinnen und Trachten richten, wie geringwertig ist da doch jener irdische Ruhm, der sich kaum auf den armseligen Teil eines einzigen Jahres erstrecken kann? Willst du also den Blick nach oben richten und auf diesen Sitz und diese ewige Wohnstätte, dann überlasse dich nicht dem Gerede der Menge, noch setze die Hoffnung deines Lebens auf Belohnungen von Menschenhand. Durch ihre eigenen Verlockungen soll die Tugend an sich dich zu wahrem Ruhme führen. Was andere über dich reden, möge ihre eigene Sache sein! Sie werden ja doch reden. Aber jenes

ganze Gerede ist begrenzt durch die engen Bezirke, die du siehst. Noch nie hat es sich auf lange Dauer über jemand erhalten. Stirbt der Mensch, so erstirbt es mit ihm und es versinkt in das Vergessen der Nachwelt.«

24 (26) Nach diesen Worten sagte ich: »Wahrhaftig, ich bin zwar schon von Jugend auf in die Fußstapfen meines Vaters getreten und auch in die deinigen, Africanus, und habe es nicht daran fehlen lassen, euch Ehre zu machen. Sofern denen, die sich um das Vaterland verdient gemacht haben, der Zugang zum Himmel gleich wie ein Pfad offensteht, so will ich doch jetzt, da ein so hoher Preis ausgesetzt ist, mit noch viel größerer Wachsamkeit mich anstrengen.« Jener antwortete: »Strenge dich an und sei überzeugt, du bist nicht sterblich, sondern nur dieser dein Leib! Du bist ja gar nicht der, den deine äußere Gestalt darstellt, sondern die Seele eines jeden ist sein Ich, nicht jenes äußere Erscheinungsbild, auf das man mit dem Finger zeigen kann. Wisse also, daß du Gott bist, sofern Gott ist, was lebendige Kraft hat, was fühlt, was sich erinnert, was voraussieht, was diesen ihm untergeordneten Körper so lenkt und leitet und bewegt wie jener höchste Gott! Und wie diese Welt, die zu einem gewissen Teil sterblich ist, der ewige Gott selbst bewegt, so bewegt den gebrechlichen Körper die unvergängliche Seele.

25 (27) Denn was sich immer bewegt, ist ewig[124]. Was aber ein anderes in Bewegung setzt und selbst von anderswoher angetrieben wird, muß naturnotwendig, wenn die Bewegung ihr Ende findet, auch das Ende seines Lebens finden. Nur das also, was sich selbst bewegt, hört niemals auf, bewegt zu werden, weil es sich nie selbst im Stiche läßt. Ja dies ist sogar für alles übrige, was bewegt wird, Ursprung und Prinzip der Bewegung. Für das Prinzip aber gibt es keinen Ursprung. Denn aus dem Prinzip geht alles hervor, während es selbst aus nichts anderem entstehen kann. Denn was anderswoher entstehen würde, das wäre kein Prinzip. Wenn es aber niemals entsteht, geht es auch niemals unter. Denn ein Prinzip, das ausgetilgt ist, wird weder selbst aus etwas

anderem wieder erstehen, noch wird es etwas anderes aus sich schaffen, sofern notwendigerweise aus dem Prinzip alles entsteht. Folglich ist das Prinzip der Bewegung in dem zu suchen, was selbst von sich aus bewegt wird. Das aber kann weder erstehen noch untergehen. Oder es müßte der ganze Himmel zusammenstürzen und die ganze Natur zum Stillstand kommen und keine Kraft wiedererlangen, von der sie ihren ersten Antrieb erhalten hat und von der sie wieder in Bewegung gesetzt würde.

26 (28) Da es also auf der Hand liegt, daß das ewig ist, was sich selbst bewegt, wer könnte leugnen, daß dieses Wesen den Seelen zugeteilt ist? Unbeseelt ist nämlich alles, was durch einen Antrieb von außen in Bewegung gesetzt wird. Was aber ein beseeltes Wesen ist, das wird durch einen inneren und ihm eigenen Antrieb in Bewegung gesetzt. Denn das ist die eigentümliche Wesenskraft der Seele. Wenn sie nämlich das einzige von allem ist, was sich selbst bewegt, so ist sie doch gewiß nicht entstanden und ist ewig.

(29) Sie übe nun in allen guten Dingen! Aber das Beste, das es gibt, sind die Bemühungen um das Wohl des Vaterlandes. Läßt du deine Seele davon umtreiben und übst du sie darin, wird sie schneller an diesen Sitz und an ihre Wohnstätte fliegen. Dies wird sie um so schneller tun, wenn sie schon in dem Zustand, da sie im Körper eingeschlossen ist, nach außen drängt und sich bei der Betrachtung der Außenwelt möglichst weit vom Körper lossagt. Denn die Seelen derer, die sich den leiblichen Gelüsten hingegeben und sich gleichsam als deren Diener angeboten haben und unter dem Trieb ihrer ungezügelten, den sinnlichen Lüsten frönenden Leidenschaften göttliches und menschliches Recht verletzt haben, schweben, den Körpern entronnen, unmittelbar um die Erde herum und kehren an diesen Ort erst zurück, wenn sie in vielen Jahrhunderten umhergetrieben worden sind.«

Er verschwand; ich selbst erwachte.

Anmerkungen

1. S. Eigennamen. Cato gehörte nicht dem Geburtsadel an, sondern gelangte erst durch die kurulischen Ämter zur Nobilität.
2. Gemeint sind die Anhänger der epikureischen Lehre, deren Grundsatz war: »Lebe im Verborgenen!« Wegen ihrer toleranten Auffassung der menschlichen Verhältnisse fand die epikureische Philosophie auch in den gebildeten römischen Kreisen der späten Republik weite Verbreitung. Der geistigen Lust gaben die Epikureer den Vorzug vor der nur materiellen und warnten vor jedem Genuß, der körperliche oder seelische Mißstimmung, überhaupt irgendwelche Unannehmlichkeiten mit sich bringe. Für die höchste Tugend erklärten sie die richtige Einsicht, welche wahre Lust von falscher zu scheiden wisse und zu unerschütterlicher Seelenruhe führe. Dabei ist ihnen der Staat nicht eine Naturnotwendigkeit, sondern wird in Hoffnung auf gemeinsamen Nutzen gegründet, eine Lehre, die im 18. Jh. von Rousseau (Staatsvertrag) wieder aufgenommen wurde.
3. »Rückzugsignale« eben der Epikureer, die eine politische Betätigung ablehnen.
4. Hier spielt Cicero auf seine Rolle bei der Aufdeckung und Niederwerfung der Catilinarischen Verschwörung an; s. Zeittafel.
5. Bei der Niederlegung ihres Amtes mußten die Konsuln in der Volksversammlung einen Schwur leisten, daß sie ihr Amt zum Nutzen des Volkes geführt hätten.
6. Cicero denkt dabei an seine ehrenvolle Heimkehr aus der Verbannung im Jahre 57, die nach seiner eigenen Schilderung einem Triumphzug glich. Die Niederwerfung der Catilinarischen Verschwörung bildete für ihn den Höhepunkt seines politischen Lebens. Daß er die in Rom zurückgebliebenen Führer der Verschwörung ohne Mitwirkung der Volksversammlung, wie es das Gesetz verlangt hätte, hinrichten ließ, wurde von seinen Gegnern als Grund für seine Verbannung benützt.
7. Gemeint ist der vier Jahre jüngere Bruder Ciceros, Quintus, mit dem Cicero studienhalber in Athen gewesen war.

8. Die Unruhen im Gefolge der sozialrevolutionären Bestrebungen des Ti. Gracchus im Jahre 133.

9. Es handelt sich um kreisrunde Lichtflecken, die durch Brechung der Lichtstrahlen in den Wassertropfen der Wolken entstehen, wobei entweder *ein* Lichtfleck der Sonne gegenübersteht (zweite Sonne) oder *zwei* Lichtflecken neben ihr in gleicher Höhe erscheinen.

10. Da die Erscheinung der Nebensonne als ein Prodigium betrachtet wurde, beriet man im Senat, welche Sühnemaßnahmen zu ergreifen seien.

11. Die porticus war ein Säulengang, der rings um einen meist mit Gartenanlagen und einem Springbrunnen geschmückten Hof führte.

12. Das gesetzlich vorgeschriebene Mindestalter für das Amt des Quästors war dreißig Jahre.

13. Damit weist er dem Laelius den ihm als dem Älteren gebührenden Ehrenplatz zwischen Scipio und vermutlich Mummius zu.

14. Der Gedanke des Weltbürgertums ist stoisch. Die Lehre der Stoa mit ihrer Forderung der Beherrschung der Sinnenwelt und mit den sich daraus ergebenden drei Tugenden: Besonnenheit im Handeln, Tapferkeit im Leiden, Gerechtigkeit im Verkehr mit dem Mitmenschen, entsprach weithin römischen Anschauungen.

15. Die sieben Planeten (einschließlich Sonne und Mond) sind Saturn, Iuppiter, Mars, Venus und Mercur.

16. Die Lücke mag wohl weitere Ausführungen über die praktische Verwertung der Sphaera des Sulpicius Gallus sowie über seine Gelehrsamkeit und das persönliche Verhältnis Scipios zu ihm enthalten haben.

17. Die Nonen sind im März, Mai, Juli und Oktober der 7., sonst der 5. Tag des römischen Monats.

18. Die erste römische Geschichtsschreibung bestand, nur praktischen Zwecken dienend, in kurzen formlosen Aufzeichnungen von Gesetzen, Verträgen und denkwürdigen Ereignissen. Unter den Verzeichnissen dieser Art waren die bedeutendsten die »annales maximi« (oder a. pontificum), nüchterne Jahresberichte über wichtige Begebenheiten, besonders auch über besondere ungewöhnliche Naturereignisse.

19. Ergänze etwa: »die gelehrten Männer, von denen du eben gesprochen hast, haben doch bewiesen, daß menschlicher Geist sich mit Erfolg der Erforschung der Natur widmen kann«. In

der Lücke hat vermutlich Scipio seine anfängliche Ablehnung der Erforschung der Geheimnisse der Natur aufgegeben und die weisen Männer gepriesen, die einen Einblick in viel herrlichere Erscheinungen gewinnen, als er gemeinhin der übrigen Menschheit vergönnt ist.

20. Quirites (s. Eigennamen unter Cures) war die übliche Anrede der römischen Bürger in der Volksversammlung.

21. S. Eigennamen unter Ennius. Der Vers stand in dessen »Annalen«.

22. Als Ti. Gracchus ein Ackergesetz einbrachte, wonach niemand mehr als 500 Morgen Ackerlandes besitzen dürfe, wobei für erwachsene Söhne noch je 250 Morgen beansprucht werden konnten, und das zurückgewonnene Land an Bürger und Bundesgenossen verteilt werden sollte, unterstützten es der hochangesehene Appius Claudius, sein Schwiegervater, ferner P. Crassus Mucianus und P. Mucius Scaevola, dessen Bruder.

23. Es wurde beantragt, den Bundesgenossen das schon lange erstrebte römische Bürgerrecht zu verleihen.

24. Nachdem das Ackergesetz durchgebracht war, wurde ein Ausschuß von drei Männern mit seiner sofortigen Durchführung beauftragt. Die ersten Mitglieder waren Ti. Gracchus und sein jüngerer Bruder Gaius sowie Appius Claudius.

25. Philus, Manilius und Mummius haben dem Vorschlag, daß nunmehr das Gespräch von den Himmelserscheinungen auf naheliegendere Fragen des Gemeinwesens gelenkt werden möge, zugestimmt. Laelius richtet die entsprechende Aufforderung an Scipio (quare ... citeriora), der Scipio zustimmt mit der Maßgabe, daß das Leitbild bei seinem Vortrag der römische Staat sein soll (nullum ... publicam).

26. Dieses Urteil, das Cicero den Philus aussprechen läßt, wobei Cicero wohl an die staatspolitischen Werke Platons und Aristoteles' denkt, ist unzutreffend und überheblich.

27. Aristoteles hatte die staatliche Entwicklung aus der Verbindung von Mann und Frau und damit aus der Familiengründung abgeleitet und in Zusammenhang damit aus dem Gegensatz von Freien und Sklaven. Polybius hatte diese Auffassung aufgegriffen.

28. Res publica – res populi ist ein im Deutschen nicht wiederzugebendes Wortspiel: Gemeinwesen, d. h. Staat, und Volk sind identisch. Das Volk stellt, äußerlich in der Volksversammlung sich repräsentierend, den Staat dar.

29. In der Lücke wird noch weiterhin ausgeführt worden sein,

daß der Mensch durch seine natürliche Veranlagung zur Gemeinschaft gezwungen wird. Wie aus Lactanz hervorgeht, sind verschiedene Auffassungen über den Ursprung und den Anlaß von Stadtgründungen vorgebracht worden. Neben dem Herdentrieb als primitivem Anlaß sind zur Begründung und Erhaltung einer menschlichen Gemeinschaft Veranlagungen, virtutes, erforderlich, von denen die Gerechtigkeit (?) gleichsam als Samen in die Herzen gesenkt, die Vorbedingung für die Wirksamkeit der übrigen Tugenden ist.

30. Nach der Niederlage Athens im Peloponnesischen Krieg (431 bis 404) wurden auf Betreiben Spartas in Athen dreißig Männer durch einen Beschluß der Volksversammlung mit unumschränkter regierender gesetzgebender Gewalt eingesetzt, die sich um ihre formelle Aufgabe einer neuen Gesetzgebung bald nicht mehr kümmerten, sondern eine Willkürherrschaft mit Verfolgung und Verurteilung ihrer politischen Gegner und angesehener reicher Bürger aufrichteten.

31. Zu ergänzen wäre etwa: »Aus dieser zügellosen Herrschaft entsteht die Tyrannis, und aus ihr entstehen andere Mißformen, von denen wiederum die Volksherrschaft die Vorstufe zu einer Anzahl von weiteren Mißformen bildet, von denen vorher gehandelt worden ist.«

32. Ergänze etwa: »wenn zuerst das Für und Wider der drei Normalformen einer Verfassung erörtert worden ist«. Zuerst legt Scipio nun das Prinzip der demokratischen Verfassung dar und die Zustände, die sich bei einer scheinbaren Freiheit ergeben.

33. Den demokratischen Musterstaaten werden wohl in der Lücke andere entgegengestellt worden sein, in denen für das Volk die Freiheit nur noch scheinbar vorhanden war, während in Wirklichkeit der Staat in den Händen eines einzelnen oder einer Gruppe von Reichen war.

34. In der Lücke muß in gleicher Weise wie bei der Demokratie zuerst das Prinzip einer echten Monarchie dargelegt worden sein, die sich nur auf einen gerechten, sittlich einwandfreien und gebildeten Mann gründen kann. Alle übrigen, davon abweichenden Formen verdienen nicht einmal den Namen ›Königtum‹.

35. Die ›spartanische Zucht‹ suchte die gesamte Lebensführung der Bürger dem Zweck möglichst großer Kriegstüchtigkeit und steter Kriegsbereitschaft dienstbar zu machen. An der Spitze des Staates standen ursprünglich das erbliche König-

tum und der Rat der Geronten, die auf Lebenszeit gewählt und nicht verantwortlich waren.

36. Die Lücke hat wohl eine nähere Darlegung der sittlichen und geistigen Maßstäbe enthalten, die an einen wahren König angelegt werden müssen. Darauf kommen die Vertreter der aristokratischen Staatsform zu Wort, beginnend mit dem Einwand, welchen menschlichen Zufälligkeiten eine Staatsform ausgesetzt sei, die sich auf einen einzelnen gründe.

37. Die Textverstümmelung ergänze ich von studiosius – sustentari: studiosius quam quaerentis utilitatem id civibus profitentibus consili vacuos sustentari.

38. Als Gründungsjahr Roms wird 753 angenommen. Das Gespräch (s. Einleitung) ist in das Jahr 129 verlegt. Der letzte König Tarquinius Superbus wurde 510 vertrieben. Ihm voraus ging in der Regierung Servius Tullius, dessen Hauptwerk in seiner 44jährigen Regierung die Änderung der Verfassung dahingehend war, daß er auch Plebeier, d. h. Kleinbauern, in die Bürgerschaft aufnahm.

39. Den Konsuln gingen bei ihrem öffentlichen Auftreten 12, den Prätoren 6 Liktoren als Abzeichen ihrer militärischen Strafbefugnis bzw. der höchsten richterlichen Strafgewalt voraus. Der erste Konsul P. Valerius Poblicola ordnete an, daß in der Volksversammlung die Liktoren die Rutenbündel senkten, um damit dem Volke die Ehrerbietung zu erweisen.

40. Nämlich gegen die magistratischen Anordnungen bei dem Volke.

41. Der erste Auszug 494 wegen der Härte des Schuldrechtes auf den Mons sacer (die unter den Waffen stehenden Plebeier waren in wirtschaftliche Notlage geraten. Menenius Agrippa). Der zweite fand 449 statt, zuerst auf den Aventin, dann auf den Mons sacer, und bewirkte, daß die Dezemvirn ihr Amt niederlegen mußten und daß dann einerseits das gesamte Zwölftafelgesetz, durch das das Recht der Berufung des von einem Beamten zu einer peinlichen Strafe verurteilten römischen Bürgers an das in den Centuriatkomitien versammelte Volk ausdrücklich gewährleistet war, nun endgültig angenommen, andererseits das Konsulat und Volkstribunat wiederhergestellt wurden. Der dritte Auszug fand im Jahre 287 statt, wiederum wegen der durch die vorausgehenden Kriege entstandenen Schuldennot. Diesmal auf das Ianiculum.

42. Die Ableitung der Bezeichnung ›dictator‹ von dicere ist nicht richtig. Vermutlich leitet sie sich von dem Verbum dictare = gebieten ab.

43. Zu ergänzen ist etwa: »Weise haben also unsere Vorfahren mit der Einrichtung der Diktatur gehandelt, bei der sie die Gefahr einer Entartung zur Tyrannis vermieden haben, wie sie sich bei dem letzten König Tarquinius Superbus ergeben hat. Über dessen Vertreibung herrschte eitel Freude bei dem Volke, ganz anders als bei dem Tod eines gerechten Königs.«

44. Die näheren Ausführungen über die Veränderungen, denen die einzelnen Verfassungen, außer der monarchischen, unterworfen sind, standen wohl in den verlorenen Teilen des Werkes.

45. In Platons Werk »Über den Staat« VIII 14, 562. Cicero gibt hier eine freie Übersetzung. Da die lateinische Sprache einer überlieferten feststehenden Diktion entbehrte, waren für Cicero treffsichere entsprechende lateinische Begriffs- und Wortprägungen schwierig.

46. Cicero führt hier zuerst der Sage angehörige Gesetzgeber an. Mit Dracon tritt er in den Bereich der Geschichte ein. Von ihm stammt die älteste athenische Verfassung (621), die wegen ihrer Strenge die »mit Blut geschriebene« hieß. Ihm folgte Solon (594), dessen Gesetzgebung besonders durch die Schuldentilgung und durch die Fürsorge für die wirtschaftlich Schwachen gegenüber den Ansprüchen des Adels gekennzeichnet ist. An ihn schließt sich die Reform des Clisthenes an (508), die die Stärkung der Macht des Volkes gegenüber dem Adel bezweckte.

47. Die Auguraldisziplin beruhte auf dem Glauben, daß die Götter, insbesondere Iuppiter, bei jedem Unternehmen den Kundigen wahrnehmbare Zeichen ihrer Billigung oder Mißbilligung geben, und suchte demnach zu erfahren, ob der Gottheit eine bestimmte Handlung genehm oder nicht genehm sei. Besonders wurde die Beobachtung des Vogelflugs zu dieser Erkundung benützt (Flug des Adlers oder Geiers).

48. Im Jahre 390 wurde das den Galliern entgegengeschickte römische Heer an der Allia zersprengt. Auf die Verteidigung Roms mußte verzichtet werden. Die Stadt wurde von den Galliern geplündert und angezündet. Nach längerer vergeblicher Belagerung des Kapitols, auf das sich die Reste des römischen Heeres zurückgezogen hatten, rückte das durch Seuchen geschwächte gallische Heer ab.

49. Die Patricier waren in Curien (oder Geschlechterverbände) eingeteilt (der Name ›curia‹ kommt von der Besorgung der Opfer – cura – her). Es entfielen je zehn Curien auf die drei Urgemeinden der latinischen Rhamnes, der sabinischen Tities

und der albanischen Luceres. Die rein lokale, die Stadt Rom und ihre Feldmark umfassende Einteilung bestand in tribus (Bezirke). Servius hatte vier tribus gebildet, jede einen Stadtteil mit der daranstoßenden Feldmark umfassend. Später, mit der Zunahme des römischen Gebietes, kam es zur Scheidung in die vier städtischen tribus und in die Landtribus, deren Zahl bis zum Jahre 241 auf 31 anstieg.

50. Das Collegium der Augurn suchte auf Grund der altrömischen Divination nach feststehenden Gesetzen und Formen aus gewissen, immer nur von Jupiter ausgehenden Himmelserscheinungen, besonders dem Blitz, sowie aus dem Vogelflug zu ermitteln, ob der Himmelsgott zu einer unmittelbar bevorstehenden Handlung seine Zustimmung erteile oder versage.

51. Olympiade bezeichnet einen Zeitraum von vier Jahren, nach deren Ablauf die Olympischen Spiele erneut gefeiert wurden. Sie wurde zur Grundlage der griechischen Jahrrechnung, beginnend mit dem Jahr 776.

52. In der griechischen Überlieferung taucht noch ein zweiter Lykurg auf, dem zusammen mit Iphitus die Begründung der olympischen Wettkämpfe zugeschrieben wurde.

53. Gemeint ist Platon, der in seinem Werk »Politeia« das Phantasiebild eines Idealstaates aufgestellt hat.

54. Es gab in der republikanischen Zeit zwei Sonderversammlungen des Volkes: die comitia curiata und die concilia plebis, jene den Patriciern vorbehalten, diese nur von den Plebeiern besucht, und zwei allgemeine Volksversammlungen: die comitia tributa und die comitia centuriata; an diesen beiden nahmen *alle* Bürger teil. In den comitia tributa, die auf dem Forum stattfanden, wurden die niederen Beamten gewählt, und es wurde über Gesetzesvorschläge nach Stadtbezirken abgestimmt. An den comitia centuriata versammelten sich alle Bürger auf dem Marsfeld in einer streng militärisch geregelten Ordnung, wobei nicht die Kopfstimmen, sondern die Centurienstimmen gezählt wurden und über staatspolitisch besonders wichtige Fragen (Wahl der höheren Beamten, Kriegserklärung und dgl.) abgestimmt wurde. Daneben gab es noch Sonderversammlungen der Plebs (concilia plebis), die die politische Waffe der Volkstribunen bildeten.

55. Fünfzehn Opferpriester gab es (flamines = Männer, die das Opferfeuer anblasen). Die Aufgabe der sechs virgines Vestales, der Priesterinnen der Vesta, war, das immerwährende Feuer

155

in dem Rundtempel der Vesta zu unterhalten und bei dem täglichen Speiseopfer das Gebet für das Wohl des römischen Volkes zu verrichten. Sie waren zur Keuschheit verpflichtet, und ihren Tempel durfte bei Todesstrafe kein männliches Wesen betreten. Die Priesterschaft der Salier (Springer) holte am 1. März und an den folgenden Tagen in kriegerischem Aufzug die dem Kriegsgott Mars heiligen Waffen aus dessen Heiligtum und hielt unter Begleitung der gesamten Staatspriesterschaft durch die Stadt ihre Umzüge, wobei sie das uralte Salierlied sangen.

56. Der Pontifex Maximus pflegte denkwürdige Vorkommnisse des Jahres aller Art (Sonnenfinsternisse, Mißwachs und dgl.), auch politische Ereignisse kurz auf einer in der Regia, seinem Amtslokal, aufgestellten Tafel zu verzeichnen. Diese Tafeln wurden »annales maximi« genannt und in der Regia aufbewahrt. Später wurden sie zu einer Sammlung von 80 Büchern zusammengefaßt. S. Anm. 18.

57. Er wurde 510 vertrieben, nachdem er 24 Jahre regiert hatte.

58. Das Comitium war ein quadratischer Platz im NW des Forums am Fuße des Kapitols. Auf ihm spielte sich im wesentlichen das politische Leben Roms ab. Hier fanden auch unter freiem Himmel bis 145 v. Chr. die Volksversammlungen: comitia curiata und tributa, und die Gerichtssitzungen statt.

59. Die Fetiales waren für die religiöse Sicherung der völkerrechtlichen Beziehungen des römischen Staates tätig. Sie hatten das ius fetiale zu wahren und anzuwenden, d. h. von Staats wegen im völkerrechtlichen Verkehr die formalen Akte der Sühneleistung und Sühneforderung, der Bündnisschließung und der Kriegserklärung zu vollziehen und ihnen die religiöse Weihe zu geben.

60. In der Lücke ist von Demarat und seinen Söhnen weiterhin die Rede gewesen. Die beiden Söhne waren Aruns und Lucumo, die beide Frauen aus dem Adel von Tarquinii heirateten. Nach dem Tode von Demarat und Aruns zieht Lucumo mit seiner Gattin Tanaquil nach Rom, wo er das Bürgerrecht erhält.

61. Aus Dionys. Halic. IV 27 kann die Lücke vermutlich ergänzt werden. »Als er in diesem Krieg einen erheblichen Teil Land gewonnen hatte, das er den Bewohnern von Caere, Tarquinii und Veji abnahm, verteilte er das Land unter die neugewonnenen Bürger.« Der Anfang des nächsten Kapitels muß An-

gaben über den Census und die einzelnen Vermögensklassen enthalten haben.

62. Die iuniores umfaßten das 17. bis 46. Lebensjahr.

63. Die Ableitung, die Cicero hier gibt, ist nicht richtig. Bei den assidui (assidere) handelt es sich um die ›Ansässigen‹, d. h. die wohlhabenden steuerpflichtigen Bürger.

64. In der Lücke ist wohl weiterhin von der Servianischen Verfassung die Rede gewesen, durch die die Plebeier in das Heer einbezogen und die Gesamtheit der freien Grundbesitzer in Vermögensklassen eingeteilt wurden: dabei bildeten von den weniger als zwei Morgen oder überhaupt keinen Grund und Boden besitzenden Bürgern die Spielleute die zwei Centurien der Hornisten und Trompeter (cornicines und tibicines), die übrigen bildeten die eine Centurie der nur nach Köpfen oder als Väter ihrer Kinder gezählten Proletarier (oder capite censi) und fanden als Ersatzleute (accensi, mit der Beifügung velati, d. h. ohne militärische Ausrüstung) im Kriege Verwendung. Dabei mag Cicero das monarchische Element in der Gestalt des rex, das in der Centurienordnung enthaltene oligarchische und demokratische Prinzip hervorgehoben haben.

65. Ergänze etwa: »das ist bei Karthago der Fall gewesen«.

66. Hier ist vermutlich weiter von den Verdiensten des Servius Tullius die Rede gewesen, dessen Regierung aber doch nicht das Prinzip der Freiheit gewährleistete. Sodann muß die Ermordung des Königs Servius Tullius und der Übergang der Herrschaft auf Tarquinius Superbus berichtet worden sein, dessen Regierungstätigkeit aber trotz allen tyrannischen Übergriffen ihre guten Seiten hatte.

67. Ergänze etwa: »und erst kürzlich hat Ti. Gracchus mit seinen Machenschaften gezeigt, daß er nach der Königsherrschaft strebte«. Dies wird Cicero noch näher ausgeführt haben. Ti. Gracchus hatte in verfassungswidriger Weise durch eine Abstimmung des Volkes den die Interessen des Adels vertretenden Volkstribunen Octavius absetzen lassen, worauf sein Ackergesetz angenommen wurde. Darauf bewarb er sich wiederum gegen das Gesetz auch für das folgende Jahr um das Tribunat. Er wurde jedoch bei einem an dem Wahltag auf dem Kapitol inszenierten Tumult von einem anstürmenden Haufen von Senatoren unter Führung des Scipio Nasica, dem schroffsten Vertreter der Oligarchie und dem begütertsten Domänenbesitzer, erschlagen.

Der weitere Gedanke wird gewesen sein: so hat damals der

157

römische Senat die Freiheit gerettet, der sein Vorbild in dem spartanischen, allerdings zahlenmäßig weit geringeren ›Rat der Alten‹ hatte.

68. Ergänze etwa: »So will ich das Bild dieses Vormundes und Verwalters des Gemeinwesens in fester verbindlicher Form vor euch hinstellen, wie es sich in der Wirklichkeit der römischen Geschichte nach dem Sturz des Königtums geformt hat.«

69. Große Lücke, in der vermutlich von der Einrichtung der römischen libera res publica die Rede war und von den zur Sicherung der Freiheit getroffenen Maßnahmen.

70. Es ist wohl von dem Gesetz die Rede gewesen, das die Zurückgabe des Privateigentums der Tarquinier bestimmte.

71. S. Anm. 56.

72. Für das Jahr 451 wurden Zehnmänner mit konsularischer Gewalt für die schriftliche Aufzeichnung des bestehenden Rechtes gewählt. Das von ihnen aufgestellte Zwölftafelgesetz umfaßte das gesamte öffentliche und private Recht.

73. S. Anm. 41.

74. Es fehlen die weiteren Fortschritte der Plebeier im Kampf um ihre Gleichberechtigung: die Absetzung der Dezemvirn und die Wiederherstellung des Konsulats und Volkstribunats, die drei Horatisch-Valerischen Gesetze, die Einführung des Conubiums zwischen Patriciern und Plebeiern durch das Gesetz des Volkstribunen C. Canuleius sowie die Bestimmung, daß statt der Konsuln, deren Würde den Patriciern vorbehalten blieb, auf Senatsbeschluß auch Kriegstribunen mit konsularischer Gewalt gleichermaßen aus Patriciern und Plebeiern gewählt werden durften. Dem patricischen Streben, die Wahl von Plebeiern zu hintertreiben, scheint der plebeische Ritter Sp. Maelius zum Opfer gefallen zu sein, der 439 seine Bemühungen um die Linderung einer Hungersnot mit dem Tod von der Hand des Reiterobersten Ahala bezahlte.

75. Tubero hat zwei Einwände gegen die Darstellung Scipios vorgebracht: Scipio hat 1. nicht die Frage des Laelius nach dem theoretisch besten Staat beantwortet und 2. nicht darüber gesprochen, mit welchen Mitteln ein Staatswesen gesichert und erhalten werden kann. Den ersten Einwand weist Scipio mit dem Hinweis auf seine Darlegungen über die drei reinen und die gemischten Staatsformen zurück, den zweiten damit, daß die Heranziehung des römischen Beispiels nicht einer abstrakten Definition, sondern einer Sichtbarmachung am kon-

kreten Beispiel des größten Staates diente. Wenn Tubero meint, man solle auf ein solch konkretes Beispiel verzichten, so muß Scipio weiter ausgreifen und das Bild der Natur beiziehen. Also ist wohl zu ergänzen: »da du ja dieses Bild einer Stadt und eines Volkes für nichtssagend hältst (nihili putas)«. In der Lücke wird dann Scipio in stoischem Sinne von dem Weltgeist geredet haben, der das All durchwaltet und ordnet. Eines solchen ordnenden und waltenden Geistes bedarf auch ein Staatswesen.

76. Die Lücke enthielt wohl weitere Ausführungen über den vir prudens, seine Eigenschaften und Fähigkeiten, sowie das Gegenstück zu ihm, den Menschen, der seine sinnlichen Begierden nicht zu zügeln weiß und schließlich von ihnen wie ein gestürzter Wagenlenker durch seinen Wagen zermalmt wird.

77. Das 3. Buch beginnt mit einem Proömium, das bis Kap. 4 reicht. Bei dem weitgehenden Verlust dieses Buches sind wir im wesentlichen auf Inhaltsangaben Augustins angewiesen.

78. In der Lücke war von den weiteren Errungenschaften des menschlichen Geistes die Rede, der, eine göttliche Gabe darstellend, die Mängel der menschlichen Natur überwindet und, in dem Staatsmann und Philosophen verkörpert, seine großen Werke geschaffen hat.

79. Vers aus den Annalen des Ennius.

80. In der Lücke ist wohl der Unterschied zwischen der vita activa und vita contemplativa, zwischen dem Staatsmann und dem Philosophen näher ausgeführt worden, wobei die größere Bedeutung des im staatlichen Leben wirkenden Mannes durch Beispiele aus der römischen res publica belegt worden ist, aber auch bedeutender Geistesgrößen, die sich der quieta vita in optimis studiis et artibus verschrieben hatten, nichtrömischer, vermutlich griechischer Zugehörigkeit gedacht wurde. Es gibt eine doppelte Weisheit: die rein theoretische der wissenschaftlichen Forschung und die sich in praktischer, d. h. staatsmännischer Tätigkeit auswirkende.

81. Die Lücke hat den Schluß des Proömiums enthalten. Zu der Forderung der sapientia, im Sinne einer praktischen Vernunft – ein Thema, das dann Philus in seiner Verteidigung der Ungerechtigkeit besonders aufgreift –, muß sich die der Gerechtigkeit gesellen, wodurch an den Schluß von Buch 2 angeknüpft wird. Philus wird die Aufgabe übertragen, die Anwaltschaft der Ungerechtigkeit zu übernehmen.

82. Hier ist die Rede von Platon und Aristoteles. Dieser hat vier Bücher über die Gerechtigkeit verfaßt.

83. S. Eigennamen unter Pacuvius. Gemeint ist die Tragödie »Medea« des Dichters, in der er die Medea auf einem von Schlangen gezogenen Wagen fahren läßt.

84. Unter der »Sklavenschaft« sind die Heloten gemeint, die schollenpflichtigen und vermögensfähigen Leibeigenen, die die einzelnen Spartatengüter, denen sie zugeteilt waren, bebauten.

85. Die Lücke enthielt wohl weitere Fälle von ungerechter Gesetzgebung, bei der lediglich der Vorteil des Gesetzgebers maßgebend war.

86. Ti. Gracchus hatte beantragt, daß die damals durch Erbschaft dem römischen Volke zugefallenen Schätze des Königs Attalos von Pergamon unter die Landempfänger verteilt werden sollten, damit diese ihre Wirtschaften einrichten könnten, und daß zur Ausführung des Gesetzes jährlich drei Männer gewählt würden mit dem Recht der endgültigen richterlichen Entscheidung.

87. Es gab zunächst im römischen Reich drei große Klassen von Untertanen, die Latiner (nomen Latinum), die Italiker und die Provinzialen. Ihnen allen fehlte das Recht, in den Volksversammlungen mitzustimmen, die Befähigung, zu Ämtern und Ehrenstellen zu gelangen, und das Recht, gegen Urteile der Magistrate Berufung an das Volk einzulegen. Anfangs bildeten die latinischen Städte mit Rom einen Städtebund; nach dem letzten Latinerkrieg (340–338) erhielten sie das Bürgerrecht ohne Stimmrecht. Das volle römische Bürgerrecht erhielten sie erst im Bundesgenossenkrieg (90/88).

88. Die hervorragendsten attischen Redner wurden gegen Ende des zweiten Jahrhunderts zu einem zehn Redner enthaltenden Kanon zusammengestellt.

89. Phalaris von Agrigent soll seine Gegner in einen ehernen Stier eingeschlossen und sie zu Tode geröstet haben.

90. S. Anm. 30.

91. S. Anm. 72.

92. Vor der Lücke ist dargelegt worden, daß die drei Grundformen, wenn in ihnen die Bahn der Gerechtigkeit verlassen wird, überhaupt keine Staaten sind und die Herrschaft der Masse noch verabscheuungswürdiger ist als ein Einzeltyrann. Nun wird das Gegenbild gezeigt, daß die drei Grundformen als wirkliche Staaten angesprochen werden können. Über

das Königtum ist bereits geredet. Scipio befindet sich bei der Rechtfertigung der Optimatenherrschaft, die von Mummius über das Königtum gestellt wird, der zugleich die Volksherrschaft als die fehlerhafteste Staatsform bezeichnet. An dem Schluß des Buches wird wohl die gemischte Staatsform in der Verbindung von sapientia und iustitia ihre Würdigung gefunden haben.

93. Das Buch ist fast ganz verloren. Es handelte von der Erziehung und den charakterlichen und geistigen Voraussetzungen eines Staatsbürgers. Zuerst war der höhere Wert der Seele im Vergleich zu der Körperlichkeit dargelegt, dann darauf hingewiesen, daß, wie in der Natur eine unverbrüchliche Ordnung herrscht, so auch diese in einem Staatswesen erhalten bleiben müsse. Weiterhin wird auf die Schamhaftigkeit und Sittsamkeit der römischen Jugend hingewiesen, im Vergleich zu der griechischen Erziehung, mit einem Ausblick auf Platons Idealstaat, in dem Besitz und Eigentum verneint und aus dem sogar die Dichter verbannt werden. Nüchternheit, Selbstbeherrschung, eheliche Treue, anständige Sitten sind die Kennzeichen der römischen res publica.

94. Anspielung auf die Forderungen des Ti. Gracchus, dem zusammen mit seinen Anhängern vorgeworfen wurde, daß sie auf der einen Seite für die Beschützer des Staatsschatzes gehalten werden wollten, auf der anderen Seite aber durch die geforderten gesetzlichen Maßnahmen diesen erschöpften.

95. Eine wohl von Cicero nicht ernst gemeinte Ableitung.

96. Es ist die Rede von dem Zwölftafelgesetz.

97. Die siegreichen athenischen Feldherren hatten nach der Schlacht bei den Arginusen (406) infolge eines schweren Sturmes es unterlassen, die Schiffbrüchigen zu retten und die Toten zu sammeln, weshalb sie von dem athenischen Volk unter Verletzung der gesetzlichen Formen zum Tode verurteilt wurden.

98. Auch von dem 5. Buch ist das meiste verloren. Es enthielt grundsätzliche Darlegungen über die Forderung, die an den Charakter, die Bildung und die Haltung eines Staatsführers, des optimus princeps, gestellt werden müssen. Es enthielt gleichfalls eine Einleitung, ein Proömium, in dem Cicero in eigener Sache sprach und darlegte, daß Roms Größe nur bestehen könne, wenn die Sitten der Vorfahren bestehen bleiben. Es wird das ideale Bild des Königs Numa gezeichnet, der wie die alten griechischen Könige als Richter inmitten

161

seines Volkes waltete und ein vorbildlicher Friedensfürst war. Der rechte Staatsmann muß nicht nur über die theoretische Kenntnis des Rechtes verfügen, sondern auch dieses auszuüben verstehen und bewirken, daß die Bürger das Ehrgefühl, nicht Furcht vor Strafe von der Übertretung der Gesetze abhält. Ein geregeltes Ehe- und Familienleben ist die Voraussetzung der Wohlfahrt des Gemeinwesens, und diese wiederum verbürgt das glückliche Leben des einzelnen Bürgers. Achtung bei seinen Bürgern ist die Grundlage seines Wirkens und sein Lohn Ehre und Ruhm. Tätiger Einsatz muß sich mit Mut und Seelengröße verbinden, und er muß über die Gabe der Beredsamkeit verfügen, ohne sie zu mißbrauchen.

99. Gemeint ist Ennius. Der Vers stand in seinen Annalen.

100. Es spricht hier vermutlich Manilius, wobei die Rede von den alten homerisch-griechischen Königen (s. Anm. 98) ist, die neben ihrer Aufgabe als Heerführer das oberste Richteramt ausübten.

101. Hier endet der Palimpsest.

102. Im 6. Buch, von dem nur der »Traum des Scipio« vollständig erhalten ist, hat Cicero das Idealbild eines Staatslenkers vervollständigt, wobei er auch auf dessen Rolle im Falle von inneren Zwistigkeiten zu sprechen gekommen ist. Klugheit, Gerechtigkeit, Tapferkeit und Selbstbeherrschung sind die Tugenden, über die er verfügen muß. Die heiligen Sitze der unsterblichen Seelen werden sein Lohn sein. Platons Erzählung von dem wiedererweckten Pamphilier »Er« nennt Cicero ein Spiel der Phantasie. Aber er weist den Spott der Epikureer gegen die Platonsche Fabel zurück, die erklären, dem Philosophen als dem Künder der Wahrheit stehe es nicht zu, das Mittel der Erdichtung zu benützen. Der Weise braucht keinen diesseitigen Lohn in der Form von äußerer Ehre, wie Statuen und dgl.

103. Gemeint sind die beiden durch ihre Strenge bekannten Censoren Appius Claudius und Ti. Gracchus, der Vater der beiden berühmten Gracchen. Claudius wurde nach der Niederlegung seines Censorenamtes zur Verbannung verurteilt, worauf Gracchus erklärte, die Verbannung des Claudius zu teilen. Dieses Verhalten bewirkte, daß das Urteil zurückgenommen wurde.

104. Alle höheren Regierungsbeamten außer den Quästoren trugen die purpurgesäumte Toga (toga praetexta), die Trium-

162

phatoren die ganz purpurne Toga. Die Senatoren hatten an der Tunika einen breiten, die Ritter einen schmalen Purpurstreifen.

105. Geschirr von der Insel Samos, die durch ihre keramischen Erzeugnisse berühmt war. Dort befand sich ein Tempel der Hera.

106. S. Anm. 67.

107. Gemeint sind der Mond und die Sterne, die von den Numidern als Götter betrachtet wurden.

108. Ennius hatte sein Epos damit eingeleitet, daß er fingiert, sein Vorbild Homer sei ihm im Traum erschienen.

109. Scipio wurde im Jahre 147 noch vor Erreichung des gesetzlich vorgeschriebenen Alters Konsul und zerstörte Karthago zu Beginn des Jahres 146 als Prokonsul. Als Kriegstribun war er 149 nach Afrika gekommen. 142 wurde er Censor und 141 mit einer Gesandtschaft mit außerordentlichen Vollmachten in den Osten geschickt.

110. Nach der Zahlensymbolik der pythagoreischen Schule galten die Zahlen 7 und 8 als volle und damit heilige Zahlen, die 7 als Primzahl, zusammengesetzt aus der heiligen Zahl 3 und der ersten Quadratzahl, die 8 als erste Kubikzahl, die damit besondere Beziehungen zum Körperlichen hat.

111. Nach der Lehre der Stoa entstammt die menschliche Seele dem gleichen Urfeuer, das auch die Gestirne beseelt.

112. Die Milchstraße galt den Pythagoreern als der Wohnsitz der von der Körperlichkeit gelösten Seelen.

113. Damit entschwindet die Zwischenerscheinung des Vaters Paullus.

114. Der Darstellung liegt die Anschauung zugrunde, daß das Weltall (omnia) aus neun Sphären, d. h. konzentrischen Hohlkugeln (orbes = Kreise, globi = Kugeln) besteht, von denen die oberste oder äußerste (extimus) das mit dem Weltgott identische Firmament ist (caelestis, summus ipse deus); es ist der Fixsternhimmel. Daran an schließen sich weiter unten die sieben Planeten (Saturn, Jupiter, Mars, Venus, Merkur, wozu noch Sonne und Mond gerechnet werden), die sich rückwärts in entgegengesetzter Richtung, d. h. von Westen nach Osten, wie das Firmament (die Fixsternsphäre), im Kreis bewegen.

115. Venus und Merkur haben die gleiche Geschwindigkeit wie die Sonne.

116. Nach der pythagoreischen Lehre bildet der Mond die Tren-

nungslinie zwischen dem Bereich des Sterblichen und des Unsterblichen.

117. Gemeint ist die Sphärenharmonie. Nach der pythagoreischen Lehre werden durch das Kreisen der acht Sphären, wobei die Erde als feststehend gedacht ist, bestimmte Töne erzeugt, die aber von dem abgestumpften menschlichen Ohr nicht mehr vernommen werden. Dabei nimmt die Tonhöhe mit der Entfernung von der Erde zu; den höchsten Ton erzeugt also die Fixsternsphäre, den niedersten die Mondsphäre. Diese Töne stimmen harmonisch zusammen, wobei der Unterschied zwischen Mond und Merkur je einen halben Ton, der zwischen Venus und Sonne anderthalb, zwischen Sonne und Mars, Mars und Jupiter, Jupiter und Saturn je einen halben und endlich zwischen Saturn und der Fixsternsphäre wieder anderthalb Töne beträgt. So ergibt sich von dem Mond zur Sonne eine Quarte, von der Sonne zu der Fixsternsphäre eine Quinte, zusammen im ganzen eine Oktave (intervallis disiunctus imparibus in ungleiche Abstände eingeteilt). Diese Abstände sind aber nicht willkürlich, sondern jeder ist an dem für ihn bestimmten Teil, d. h. in bestimmtem Verhältnis, nach genauer Berechnung (ratione) gegliedert (distincta).

118. Die Fixsternsphäre und die Mondsphäre stehen als äußerste gegenüber.

119. Cicero vertritt hier die geozentrische Weltauffassung, d. h. die Lehre von der Erde als dem Mittelpunkt des Weltalls, die bis auf Kopernikus herrschend blieb. Bereits Aristarch von Samos (um 350 v. Chr.) hatte erkannt, daß Sonne und Fixsterne unbeweglich sind und sich die Erde in einer Kreislinie um die Sonne und dabei täglich um ihre Achse dreht.

120. Die Erde ist in verschiedene Zonen eingeteilt. Die obliqui sind die ›schräg Wohnenden‹, d. h. die Bewohner des gleichen Meridians, aber auf der entgegengesetzten Seite des Äquators. Transversi sind die ›jenseits Wohnenden‹, d. h. auf der gleichen Seite, aber auf der anderen Halbseite der Erdkugel. Die adversi sind die im Griechischen ›Gegenfüßler‹ genannten Bewohner, d. h. die Bewohner auf dem entgegengesetzten Längengrad, also die in der geographischen Länge um 180 Grad Geschiedenen.

121. Kaukasus und Ganges galten in den damaligen primitiven geographischen Vorstellungen als die Nord- bzw. Südgrenze der bewohnten Erde.

122. Nach Auffassung der Stoa wird in regelmäßigen Zeitabstän-

den durch Weltbrände alles Irdische vernichtet, und die aus feurigem Dunst entstandene Welt löst sich in das Urfeuer auf, um dann in der alten Form sich wieder neu zu bilden. Das Zwischenstadium wird das ›Weltjahr‹ genannt, das einer Summe von 12 954 Sonnenjahren entspricht. Der vere vertens annus ist das Jahr, in dem die Gestirne sämtlich wieder die gleiche Verteilung am ganzen Firmament aufweisen.

123. Setzt man den Tod des Romulus in das Jahr 716, so ergeben sich bis zu dem Jahr, in das der Traum verlegt wird (149), 567 Jahre. 567 mal 20 Jahre ergeben nur 11 340 Jahre gegenüber den an anderer Stelle bei Cicero erwähnten 12 954 Jahren des Weltjahres.

124. Hier gibt Cicero die Übersetzung von Platons »Phaedrus«, wo Platon die Unsterblichkeit der Seele in drei Schlußfolgerungen zu beweisen sucht:

1. Was sich selbst bewegt und zugleich für andere Dinge den Anstoß ihrer Bewegung bildet, hört nie auf, sich selbst zu bewegen, und hat nie einen Anfang gehabt, ist also ewig.

2. Dies gilt auch für die Seele: sie bewegt sich selbst und bildet die Bewegungskraft für den unbeseelten Körper.

3. Daher ist die Seele ewig und unsterblich.

Zeittafel

3. Jan. 106 Cicero in der Nähe von Arpinum geboren.

102 Geburt seines Bruders Quintus und Übersiedlung der Familie nach Rom.

90 Anlegung der toga virilis.

90–82 Studium des Rechts und der Rhetorik. Unterricht bei griechischen Philosophen. Erste schriftstellerische Versuche.

81–80 Erste Gerichtsreden: pro Quinctio; pro L. Roscio Amerino.

79–77 Erholungs- und Studienreise nach Griechenland (Athen), Kleinasien, Rhodos.

75 Eintritt in die höhere Beamtenlaufbahn; Quästor in Lilybaeum (Sizilien).

70 Prozeß gegen Verres.

69 Aedilis curulis: Eintritt in den Senat.

68 Praetor. – Erste Staatsrede; de imperio Cn. Pompei.

63 Konsul. Verschwörung der Catilina. Cicero erhält den Ehrentitel »pater patriae«.

63–58 Auseinandersetzung mit dem Volkstribunen Clodius. Aufstieg Caesars und seine Verbindung mit Pompeius im ersten Triumvirat; Schwinden des politischen Einflusses Ciceros. Offener Angriff des Clodius.

59 Rede pro L. Valerio Flacco (gewesener Propraetor der Provinz Asia, wegen Erpressung angeklagt).

58 Verbannung Ciceros; Flucht aus Rom nach Dyrrhachium und Thessalonike.

57 Rückkehr aus der Verbannung auf Grund einer Verständigung zwischen Caesar und Pompeius.

56 Erneute Angriffe des Clodius. Cicero stellt sich freundschaftlich mit Caesar. Sein Bruder Quintus Legat bei Caesar.

56–52 Ciceros politische Isolierung und wissenschaftliche Tätigkeit:

55 De oratore (über die Ausbildung des Redners, die Auffindung und Anordnung des Stoffes, die rednerische Form und den Vortrag).

54–51 De re publica (über die beste Staatsform).
  51 De legibus.
51 Prokonsul in Kilikien. Militärisch-kriegerische Erfolge.
49 Rückkehr aus der Provinz und Ankunft in Rom. Parteinahme für Pompeius in dessen Auseinandersetzung mit Caesar.
48 Schlacht bei Pharsalus. Tod des Pompeius.
47 Zusammentreffen mit Caesar. Aussöhnung zwischen Caesar und Cicero. C., aus dem politischen Leben ausgeschaltet, widmet sich ganz der wissenschaftlichen Tätigkeit.

    46 Brutus de claris oratoribus (Geschichte der römischen Beredsamkeit). Orator (Schilderung des Ideals des Redners). – Fragen der Ethik: De finibus bonorum et malorum sowie
    45 Tusculanae disputationes und
    44 De officiis.
    45 Academica (erkenntnistheoretische Fragen),
    44 De natura deorum (theologische Fragen),
    44 Laelius de amicitia (popularphilosophische Fragen).

44 Ermordung Caesars.
44–43 14 Philippische Reden gegen Antonius. Erneute rednerische und staatsmännische Betätigung, Eintreten für die Republik. Aussöhnung zwischen Octavian und Antonius, die zusammen mit Lepidus das 2. Triumvirat schließen.
43 Ende der staatsmännischen Tätigkeit Ciceros, der dem Hasse des Antonius von Octavian geopfert wird. Ächtung Ciceros.
7. Dez. 43 von den Schergen des Antonius ermordet.

Stammtafel der Scipionen und der Gracchen

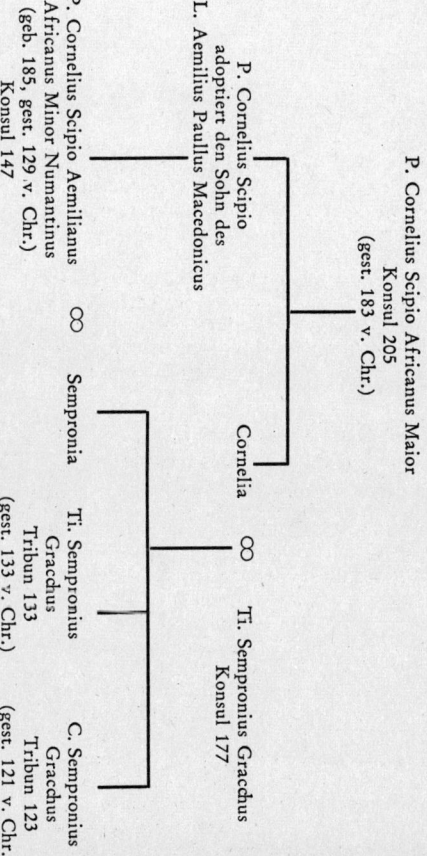

- P. Cornelius Scipio Africanus Maior
  Konsul 205
  (gest. 183 v. Chr.)
  - P. Cornelius Scipio
    adoptiert den Sohn des
    L. Aemilius Paullus Macedonicus
    - P. Cornelius Scipio Aemilianus
      Africanus Minor Numantinus
      (geb. 185, gest. 129 v. Chr.)
      Konsul 147
  - Cornelia ∞ Ti. Sempronius Gracchus
    Konsul 177
    - Sempronia
    - Ti. Sempronius Gracchus
      Tribun 133
      (gest. 133 v. Chr.)
    - C. Sempronius Gracchus
      Tribun 123
      (gest. 121 v. Chr.)

Verzeichnis der Eigennamen

Aborigines sagenhafter Volksstamm in Mittelitalien. (Das Wort ist abgeleitet von ab origine und bezeichnet ›das Urvolk‹). Die A. galten als das Stammvolk der Latiner.

Achilles der Held der »Ilias«. Der römische Dichter Ennius (s. d.) hatte eine Tragödie »Iphigenia« gedichtet, in der A. auftrat.

Q. Aelius Tubero s. Einleitung S. 12.

Sex. Aelius Konsul 198. Berühmter Rechtsgelehrter.

L. Aemilius Paullus Konsul 182 und 168. Sieger in der Schlacht von Pydna (168) über den makedonischen König Perseus. S. Stammbaum S. 169.

Aenianes griechischer Volksstamm des südlichen Thessalien im Tal des Spercheios.

Aequi italisches Volk, östlich von Rom. Um 300 von den Römern unterworfen.

Aeschines berühmter griechischer Redner. Zeitgenosse und Gegner des Demosthenes in dessen Kampf gegen König Philipp. Lebte 389–314.

Aetoli griechischer Volksstamm, im westlichen Mittelgriechenland an der Nordküste des korinthischen Meerbusens.

Africanus s. Einleitung und P. Cornelius Scipio.

Agrigentum griechische Kolonie an der Südküste von Sizilien. Im Zweiten Punischen Krieg von den Römern besetzt. Geburtsort des griechischen Philosophen und Dichters Empedokles.

Ahala s. Servilius.

Alba Longa oder *Longa Alba* Stadt Latiums, am Albanergebirge; gilt in der römischen Sage als Mutterstadt Roms und soll von Ascanius, dem Sohn des Aeneas, gegründet sein. Hauptstadt des Latinischen Städtebundes.

Albanus rex s. Amulius.

Alexander Magnus der berühmte Makedonierkönig, regierte 336 bis 323.

Algidus mons Gebirgszug in Latium. Auf ihm lag Algidum, die Festung der Aequer.

Amulius rex König von Alba Longa. Er vertrieb nach der Sage seinen Bruder Numitor vom Thron und setzte die Zwillinge Romulus und Remus am Tiber aus.

Anaxagoras aus Klazomenae in Kleinasien (um 450). Berühmter griechischer Philosoph in Athen. Lehre: über dem All waltet der Nus, der ordnende Weltgeist. Wegen Gottlosigkeit angeklagt und verbannt.

Anaximenes ionischer Naturphilosoph aus Milet (um 550); lehrt, daß die Luft der Urstoff sei.

Ancus Marcius der vierte König von Rom. Ihm wird die Unterwerfung der Latiner und ihre Ansiedlung auf dem Aventin zugeschrieben sowie die Gründung der Hafenstadt Ostia.

Apis der den Ägyptern heilige Stier.

Apollo Orakelgott von Delphi.

Manius Aquilius Konsul 129, in dem Jahr, in das Cicero das vorliegende Gespräch verlegt.

Aratus griechischer Dichter; stammt aus Soloi in Kilikien (315 bis 239). Er verfaßte ein astronomisches Lehrgedicht mit dem Titel »Phainomena« (Erscheinungen), das mit dem Anruf an Zeus begann. Von Cicero ins Lateinische übertragen, wovon Bruchstücke erhalten sind.

Archimedes aus Syrakus. Der berühmte griechische Mathematiker, Physiker und Mechaniker. Erfinder einer Sphaera (Himmelsglobus). 212 bei der Eroberung von Syrakus durch Marcellus von einem römischen Soldaten getötet.

Archytas aus Tarent. Staatsmann, Feldherr, Philosoph und Mathematiker in einer Person. Gehörte der pythagoreischen Philosophenschule an (um 380).

Areopagus ein Hügel westlich der Akropolis in Athen. Auf ihm tagte ursprünglich der Rat von Athen, der sich aus den gewesenen höchsten Beamten zusammensetzte und großen politischen Einfluß besaß. Durch die Reform des Clisthenes (s. d.) wurden dem Areopag die politischen Befugnisse genommen und diese auf richterliche eingeschränkt.

Arginusae Inselgruppe an der kleinasiatischen Küste, südlich von Lesbos. Dort Sieg der athenischen Flotte über die spartanische 406. Die Athener verurteilten die Feldherren trotz des Sieges zum Tode, weil sie infolge eines Sturmes die Schiffbrüchigen nicht gerettet hatten.

Aristippus von Kyrene. Ihm galt als höchstes Gut die Lust, die aber nur durch Tugend und Wissen zu erlangen sei. Daher genieße sie nur der Weise, der die Verhältnisse zu beherrschen verstehe.

Aristodemus tragischer Schauspieler, zur Zeit des Demosthenes, war einer Gesandtschaft zu König Philipp zugeteilt.

Aristoteles geb. 384 in Stagiros auf der Chalkidike, der große

Schüler Platons; er hat u. a. eine Schrift »Über die Gerechtigkeit« verfaßt, die Cicero eingesehen hat.

Asia Kleinasien, das 133 römische Provinz geworden ist.

A. Aternius Varus Fontinalis Konsul 454.

Athos Vorgebirge auf der Halbinsel Chalkidike, bekannt durch den Zug des Perserkönigs Xerxes gegen Griechenland (480), der es zur Durchfahrt seiner Flotte durchstechen ließ.

A. Atilius Calatinus Konsul 258. Diktator 249. Auf seinem Grabmal befand sich eine von Cicero in dem Werk »Cato maior« überlieferte Inschrift: hunc unum plurimae consentiunt gentes popli primarium fuisse virum.

Aventinus mons einer der sieben Hügel Roms, bekannt durch die beiden secessiones plebis im Jahre 494 und 449.

Axinus (erg. pontus) das ›ungastliche‹ Meer, d. h. das ›Schwarze Meer‹, sonst auch euphemistisch pontus euxinus, d. h. das ›gastliche‹, genannt.

L. Junius Brutus Konsul 509 nach dem Sturz des letzten Königs Tarquinius Superbus.

Busiris sagenhafter König in Ägypten, der fremde Ankömmlinge den Göttern zu opfern pflegte.

L. Caecilius Metellus Konsul 251. 247. Diktator 224.

Q. Caecilius Metellus (Macedonicus) Konsul 143. Der Beiname rührt daher, daß er nach Niederwerfung eines Aufstandes in Macedonien ermöglichte, M. zur römischen Provinz zu machen (148).

Q. Caecilius Metellus (Numidicus) Konsul 109. Oberfeldherr im Jugurthinischen Krieg (vgl. Sallust). Er wurde im Jahre 100 von dem gegen ihn aufgehetzten Pöbel, weil er sich weigerte, auf ein von dem Volkstribunen Saturninus beantragtes Landanweisungsgesetz den Schwur zu leisten, zu freiwilliger Verbannung veranlaßt.

Caecilius Statius (um 180) römischer Lustspieldichter, der ungefähr 40 Komödien dichtete, in denen er besonders den griechischen Lustspieldichter Menander nachahmte.

Caelius (mons) einer der sieben Hügel Roms im SO von Rom.

Canuleium plebiscitum der Volkstribun Canuleius (445) setzte nach der Überlieferung die lex Canuleia durch, durch die das Eheverbot zwischen Patriciern und Plebeiern aufgehoben wurde.

Capitolium die südliche Erhebung des Capitolinus mons mit dem Tempel des Iuppiter Capitolinus.

Capra Sternbild der Ziege.

Carneades griechischer Philosoph, Stifter und Schulhaupt der sog. 3. Akademie. Vertreter der skeptischen Richtung. Kam 155 mit einer Philosophengesandtschaft nach Rom, wo er philosophische Vorträge hielt.

Sp. Cassius Vecellinus Konsul 502. 493. 486. Unter seinem Konsulat fand die Auswanderung der Plebs auf den Mons sacer statt. Wegen seines angeblichen Strebens nach dem Königsthron wurde er verurteilt und von seinem eigenen Vater vom Tarpejischen Felsen gestürzt.

Catadupa die Nilfälle an der Grenze von Äthiopien.

Cato s. Porcius.

Catus s. Aelius.

Censorius s. Porcius.

Chrysippus (278–205) der ›zweite Gründer‹ und das Schulhaupt der Stoa. Stammte aus Kilikien.

M. Claudius Marcellus wiederholt Konsul im Zweiten Punischen Krieg. Verkörperung des unerschütterlichen Durchhaltens auch in größter Not (nach Cannae). Eroberer von Syrakus 212.

Appius Claudius Pulcher Konsul 143. Schwiegervater des Tiberius Gracchus. Politischer Gegner des jüngeren Scipio.

C. Claudius Pulcher Konsul 177. Censor 164 zusammen mit dem Vater der beiden Gracchen.

Cleanthes aus Assos. Nachfolger von Zenon, dem Stifter der stoischen Schule in Athen. Zenon, C. und Chrysippus galten als die drei ›Säulen der Stoa‹.

Cleo aus Athen. Führer der athenischen radikalen Demokratie im Verlauf des Peloponnesischen Krieges. Von dem Komödiendichter Aristophanes verspottet, von dem Historiker Thukydides als Muster eines gewissenlosen Demagogen gebrandmarkt.

Cleophon athenischer Politiker zur Zeit des Aristophanes, in dessen Lustspiel »Frösche« er eine Rolle spielte.

Clisthenes athenischer Staatsmann. Er gab durch seine Reform der attischen Staatsverfassung eine demokratische Grundlage (Auflösung des Staatsgebietes in zehn neue Bezirke, dadurch Beseitigung des Übergewichtes des Adels).

Cnidius Einwohner von Cnidus, Seestadt an der kleinasiatischen Küste in Karien. Bekannt durch seinen Aphroditekult und -tempel.

Collatinus s. Tarquinius.

Colotes Philosoph der epikureischen Schule.

Postumus Cominius Aruncus Konsul 501. 493.

Congus s. Iunius.

Consualia römisches Fest zu Ehren des altrömischen Gottes Consus, gefeiert zweimal im Jahr im August und Dezember.

Corinthus die berühmte Handels- und Kunststadt. 146 von dem römischen Konsul Mummius zerstört und seiner Kunstschätze beraubt.

Cn. Cornelius Scipio Onkel des Scipio Africanus Maior. Gefallen in Spanien zusammen mit dem Vater des Scipio Africanus Maior im Zweiten Punischen Krieg.

P. Cornelius Scipio Vater des P. Cornelius Scipio Africanus (s. den Vorhergehenden).

P. Cornelius Scipio Africanus Maior Konsul 205. 194. Der Sieger von Zama 202. Freund griechischer Bildung.

P. Cornelius Scipio Africanus mit den weiteren Beinamen Minor Numantinus, Sohn des L. Aemilius Paullus, des Siegers von Pydna (168) über den makedonischen König Perseus. Konsul 147. Zerstört 146 Karthago. 134 erneut Konsul, als solcher zerstört er 133 Numantia. Gest. 129. S. Einleitung S. 11.

P. Cornelius Scipio Nasica Serapio Konsul 138. Pontifex Maximus. Steht als Vertreter der Senatspartei in vorderster Linie des Kampfes gegen die sozialen Reformen seines Vetters Ti. Sempronius Gracchus, der im Verlauf der blutigen Auseinandersetzungen im Jahre 133 sein Leben verlor.

P. Crassus s. Licinius.

Cretes die Bewohner der Insel Kreta. Kretas Verfassung, als deren mythischer Schöpfer der König Minos betrachtet wurde, wurde neben der des Lykurg in Sparta und der des Solon in Athen im Altertum besonders gerühmt.

Croto die Stadt Kroton in Unteritalien an der Ostküste von Bruttium, griechische Gründung, seit 194 römische Kolonie. Galt neben Sybaris als typisch für übertriebenen Luxus.

Cures Hauptstadt des Sabinerlandes, aus der T. Tatius und Numa Pompilius stammten. Von Cures leiteten die Römer das Wort ›Quirites‹, die Anrede an die römischen Bürger in den Volksversammlungen, ab.

M. Curius Dentatus wiederholt Konsul zwischen 290 und 274. Der Besieger der Samniten und Sabiner. Galt als Vorbild römischer Einfachheit und Unbestechlichkeit. Besiegt bei Benevent 272 den König Pyrrhus von Epirus.

Cypselus Tyrann von Korinth in der zweiten Hälfte des 7. Jh.s.

Cyrus um 558–529. König der Perser; als solcher galt er im Altertum als das Vorbild eines milden, maßvollen Herrschers. Von Xenophon in der Kyrupädie dargestellt.

175

Delphi die berühmte Orakelstätte des Apollo in Phokis am Fuß des Parnassos.

Demaratus Vater des Königs Tarquinius Priscus, des fünften der römischen Könige. Er soll von Korinth auf der Flucht vor dem dortigen Tyrannen Cypselus nach Tarquinii gekommen sein.

Demetrius (mit dem Beinamen Phalereus) aus Phaleron (Hafen von Athen), Staatsmann, Redner und Philosoph; leitete das athenische Staatswesen 317–307.

Dionysius der Jüngere 367–344 Tyrann von Syracus. Als grausamer Herrscher wurde er 344 von den Syracusanern, die den Korinther Timoleon zu Hilfe riefen, vertrieben. Er galt als Muster eines prunkliebenden und zugleich mit tiefstem Mißtrauen gegen jedermann erfüllten Herrschers.

Dolopes thessalischer Volksstamm, bei Homer an dem Flusse Enipeus, später am Pindus, zu Epirus gehörig.

Dores griechischer Volksstamm, ursprünglich Bewohner der Landschaft Doris am Ötagebirge in Mittelgriechenland.

Draco athenischer Gesetzgeber. Die sog. ›Gesetze des Drakon‹ suchten zum erstenmal das geltende Gesetz aufzuzeichnen.

C. Duelius Konsul 260. Diktator 231. Erfinder der Enterbrücke, mit deren Hilfe er bei Mylae im Ersten Punischen Kriege (260) über die Karthager in einer Seeschlacht siegte.

Elei Bewohner der Landschaft Elis im westlichen Peloponnes, in der Olympia lag.

Empedokles aus Agrigent, um 450, Staatsmann, Philosoph und Naturforscher. Stellte zuerst als Grundstoffe die vier Elemente: Wasser, Luft, Feuer, Erde auf. Bruchstückweise erhalten das Hauptwerk »Über die Natur« in Hexametern. Von Lucrez in seinem Gedicht »De natura« (von Cicero herausgegeben) den Römern vermittelt.

Q. Ennius lebte 239–169. Vielseitiger Dichter und Schriftsteller. Der Vater der römischen Kunstpoesie; Verfasser der »Annales«, in denen er die römische Geschichte von der Ankunft des Aeneas bis auf seine Gegenwart in Hexametern behandelte. Von Lucrez, Vergil, Horaz u. a. benutzt.

Epicurus aus Athen, lebte 341–270. Gründer der epikureischen Philosophenschule in Athen. In ihrer Ethik setzten sie die Glückseligkeit sowohl in die Lust als in das Freisein von Schmerz, wobei sie den Tod nicht als ein Übel betrachteten. Sie lehnten die politische Betätigung zugunsten eines möglichst ungestörten Lebensgenusses ab.

Er In dem Schlußmotiv des platonischen »Staates« läßt Platon einen pamphylischen Soldaten mit Namen »Er« auftreten, der infolge einer Verwundung in der Schlacht scheintot gewesen war, aber vor seiner Verbrennung wieder erwachte und nun von seinen Erlebnissen in der Unterwelt und von dem Leben der Seele nach dem Tode berichtet.

Esquilinus der größte der sieben Hügel Roms (im O), ursprünglich Begräbnisplatz, später hat Maecenas seine Gärten auf ihm angelegt.

Etruria Landschaft Italiens, jetzt Toscana. Die Bewohner vermutlich aus Kleinasien eingewandert. Kulturell hochstehend, haben sie die römische Kultur, insbesondere die religiösen Gebräuche (Opfer, Prodigienwesen), aber auch die staatlichen Einrichtungen stark beeinflußt.

Eudoxus aus Knidos (in Karien), Schüler Platons, Gelehrter, Arzt und Staatsmann. Lehrt die Kugelgestalt der Erde. Gest. 355.

Q. *Fabius Maximus* wiederholt Konsul im Zweiten Punischen Krieg. Diktator nach der Niederlage der Römer am Trasumenischen See (217). Er führt einen erfolgreichen Erschöpfungskrieg gegen Hannibal. Daher der Beiname ›Cunctator‹ = der Zauderer.

C. *Fabricius Luscinus* Konsul 282. 278. Censor 275. Siegreicher Feldherr über die mittelitalischen Volksstämme und im Krieg gegen Pyrrhus, er sich durch seine Gerechtigkeit und Uneigennützigkeit auszeichnete.

C. *Fannius* s. Einleitung S. 12.

Formianum Landgut des Laelius bei Formiae an der Küste Latiums.

M. *Furius Camillus* Eroberer von Veji und Sieger über die Gallier. Diktator 390. Ging freiwillig in die Verbannung.

L. *Furius Philus* s. Einleitung S. 11.

Galba s. Sulpicius.

Gallus s. Sulpicius.

Ganges Fluß in Indien, durch den Alexanderzug den Römern bekannt geworden.

Gracchus s. Sempronius und den Stammbaum S. 169.

Graii älterer Name für Graeci, besonders in gehobenem Stil gebraucht.

Hercules der mythische Held, Sohn des Zeus und der Alkmene. Er wurde besonders von der kynischen und stoischen Schule als Wohltäter der Menschheit gefeiert. Nach der Sage unter die Götter versetzt (Parallele zu der Entrückung des Romulus).

Hesiodus aus Askra (Böotien), um 650, Begründer des didaktischen Epos, Dichter der »Theogonie«, in der er vor allem Zeus als den Beschützer des Rechtes preist, und von »Werke und Tage«, in denen er ebenfalls die Gerechtigkeit preist und eigene sowie fremde Lebensweisheit vermittelt.

Homerus der Dichter galt auch für die Römer als das Vorbild epischer Dichtung. Der römische Dichter L. Livius Andronicus (ca. 280–207) übertrug für seine Schüler die »Odyssee« (Odusia) in das Lateinische und schuf damit ein Dichtwerk in saturnischem Versmaß, das lange als Schulbuch in Ehren blieb.

M. Horatius Barbatus Konsul 449.

Hostilius s. Tullius.

C. Hostilius Mancinus Konsul 137. Als Feldherr im Numantinischen Krieg schloß er, von den Numantinern bedrängt, um sich zu retten, mit den Feinden einen Vertrag, den der römische Senat später für ungültig erklärte, wobei er die Auslieferung des Mancinus an die Numantiner beschloß (Beispiel römischer Vertragstreue).

Hyperbolus Athener, der zusammen mit Cleo von Aristophanes in seinen Komödien verspottet und 411 von den Oligarchen ermordet wurde.

Iphigenia Tochter Agamemnons. Ennius (s. d.) dichtete Tragödien, die meist freie Übertragungen griechischer Vorlagen des Euripides waren, dessen Weltweisheit ihm besonders zusagte. Darunter war auch eine »Iphigenia«.

Iulius Proculus behauptete, ihm sei der in den Himmel erhobene Romulus erschienen.

C. Iulius Konsul 430. Sein richtiger Vorname ist nach Livius »Lucius«.

C. Iulius Iulus gehörte zu den Decemviri legibus scribundis des zweiten Amtsjahres (450).

Iunius Congus gelehrter Römer, dessen literarisch-wissenschaftliches Verständnis der Dichter Lucilius (s. d.) hervorhebt.

Karthago die aemula (›Nebenbuhlerin‹) Roms, die in den drei Punischen Kriegen niedergerungen wurde (264–241, 218–201, 149 bis 146). Mit der Zerstörung der Stadt (146) durch den jüngeren

Scipio hat Rom die unumstrittene Vorherrschaft im Mittelmeer errungen, aber auch – nach Ansicht römischer Historiker – die Rivalin ausgeschaltet, mit der die Römer ihre Kräfte gemessen und ihre Virtus erprobt hatten.

Laco aus dem Griechischen übernommene Form für Lacedaemonius.

C. Laelius Sapiens s. Einleitung S. 11.

T. Larcius nach der Überlieferung Konsul 501 und im gleichen Jahr Diktator, ein Amt, das er als erster innegehabt haben soll.

Lares der Seelen- und Ahnenkult spielte in Rom eine große Rolle, insbesondere der der Laren, die als die guten Hausgötter am Herd oder in einer besonderen Kapelle verehrt wurden.

Latium – Latini Landschaft und Volk in Mittelitalien mit der Hauptstadt Rom. Latinae feriae oder nur Latinae war das lateinische Bundesfest, das auf dem Albanerberge mehrere Tage lang gefeiert wurde. An ihm läßt Cicero das Gespräch stattfinden.

P. Licinius Crassus Mucianus Konsul 131. Bedeutender Redner der Gracchenzeit.

Locris Landschaft in Mittelgriechenland. Ferner eine Koloniegründung in Unteritalien ›Locri Epizephyrii‹ (Bruttium), nördlich vom Vorgebirge Zephyrion.

Longa Alba s. Alba Longa.

Luceres eine der drei Gemeinden – neben Tities und Rhamnes –, aus denen das römische Staatswesen entstanden ist.

C. Lucilius geb. 180, römischer Dichter. 30 Bücher Saturae, eine Art ethisch-politischer Lehrdichtung in kritisch-polemischer und witzig-spottender Form. Dürftige Reste erhalten. Diente vor Numantia unter Scipio. Mit diesem und mit Laelius befreundet.

Lucretia Tochter des Lucretius Tricipitinus, Gemahlin des Tarquinius Collatinus. Von ihrer Schändung durch den Sohn des Tarquinius Superbus und von ihrem Selbstmord berichtet u. a. Livius im ersten Buch seines Werkes.

Sp. Lucretius Konsul 509.

(Lucretius) Tricipitinus s. Lucretia.

Lucumo etrusk. Wort, bedeutet ›Herrscher‹, Eigenname etruskischer Adeliger.

Lycurgus der spartanische Gesetzgeber, auf den die politische Ordnung des spartanischen Staates zurückgehen soll. L. soll königlichen Geschlechtes gewesen sein und nach der einen Version seine Gesetze den Kretern entlehnt haben, nach einer andern sollen sie von dem delphischen Orakel eingegeben worden sein in

Form von Sprüchen oder prosaischen Sätzen. Über seine Lebenszeit herrschte im Altertum keine Übereinstimmung; im allgemeinen wurde sie in das 9. Jh. verlegt. Als geschichtliche Person ist er nicht zu betrachten.

Macedonia Im Jahre 168 wurde der König Perseus von Makedonien von dem römischen Feldherrn Aemilius Paullus in der Schlacht von Pydna besiegt. 146 wurde Makedonien römische Provinz.

Spurius Maelius 439 durch C. Servilius Ahala umgebracht. Er hatte während einer Hungersnot dem Volk Getreide gespendet und war daher in den Verdacht geraten, nach dem Königsthron zu streben.

Magnesia Stadt in Kleinasien (Karien) an dem Flusse Maeander.

Mancinus s. Hostilius.

M'. Manilius Konsul 149. Hervorragender Rechtsgelehrter und Verfasser von juristischen Schriften, s. Einleitung S. 11.

M. Manlius Capitolinus Konsul 392. Retter des Kapitols bei der Besetzung Roms durch die Gallier (389). Er wurde später verdächtigt, nach dem Königsthron zu streben, zum Tode verurteilt und vom Tarpejischen Felsen herabgestürzt.

L. Manlius Torquatus Praetor 49. Befreundet mit Cicero. In seiner Schrift »De finibus« überträgt ihm Cicero die Rolle des Vertreters der epikureischen Lehre.

Marathon Ort an der Ostküste von Attika. Berühmt durch den Sieg der Athener unter Miltiades über die Perser bei ihrem ersten Zug gegen Griechenland, 490.

Marcellus s. Claudius.

C. Marius der Sieger über die Teutonen (102) und über die Cimbern (101). Beendet 104 den Jugurthinischen Krieg. 88 mit der Führung des mithridatischen Kriegs beauftragt, aber von Sulla nach der Eroberung Roms geächtet. Flucht nach Afrika. 86 zum siebentenmal Konsul nach der Rückeroberung Roms. Schöpfer der römischen Heeresreform (Umwandlung des Milizheeres in ein Berufsheer).

Masinissa König von Numidien (239–148), Großvater Jugurthas, Roms Verbündeter im 2. Punischen Krieg, Freund des älteren Scipio Africanus.

Massilienses die Einwohner von Massilia (Marseille); alte griechische Koloniegründung von Phokaea (um 600). Berühmt als Handelsstadt und durch seine geistigen Interessen. Die Scipionen waren die Schutzherren der Stadt nach ihrer Einverleibung in das römische Reich.

Maximus s. Fabius.

Menelaus König von Sparta, Gemahl der Helena.

Metellus s. Caecilius.

Milesius Thales von Milet. Erster Versuch einer wissenschaftlichen Naturerklärung. Begründer der ionischen Schule. Grundelement aller Dinge sei das Wasser. Sagte 585 eine Sonnenfinsternis voraus.

Miltiades der Sieger von Marathon (s. d.). Nach einem mißglückten Angriff auf Paros zu einer hohen Geldstrafe verurteilt, starb er im Gefängnis an den Folgen einer Verwundung.

Minos sagenhafter König und Gesetzgeber von Kreta. Als Totenrichter in die Unterwelt versetzt.

Mons sacer auf dem rechten Ufer des Anio gelegen. Bekannt durch die Auswanderung der Plebs.

Q. Mucius Scaevola Augur, s. Einleitung S. 12.

Sp. Mummius s. Einleitung S. 11.

Cn. Naevius ca. 270–201, aus Kampanien. Dichter von Theaterstücken, vorwiegend Komödien. Zog sich durch beißenden Witz und rücksichtslose Angriffe auf Adelige insbesondere den Haß der Meteller zu. Schöpfer des historischen Schauspiels und des nationalen Epos (Bellum Poenicum).

Neoptolemos Sohn des Achilles.

Nepa Sternbild des Krebses oder des Skorpion.

Neptunus der Meergott. In einer verlorenen Satire des Lucilius (s. d.) ist vermutlich dem Philosophen Carneades (s. d.) Neptun zu Hilfe geschickt worden.

Nilus der Nilstrom, der in der griechischen wie römischen Literatur wegen seiner Katarakte und Überschwemmungen vielfach erwähnt wird (s. Catadupa).

Numa Pompilius der zweite König der Römer, gilt als Stifter der religiösen Einrichtungen der Römer.

Numantia – *Numantinum foedus* Numantia, stark befestigter keltiberischer Waffenplatz, in dem sich die tapferen Numantiner im Numantinischen Krieg (144–133) verteidigten, bis die Stadt durch Scipio erobert und zerstört wurde.

Olympus Berg an der Grenze von Makedonien und Thessalien, zugleich Sitz der zwölf olympischen Götter.

Lucius Opimius Konsul 121. Als solcher unterdrückt er die revolutionären Bestrebungen des jüngeren Gracchus. Er mußte später wegen seines strengen Auftretens gegen die Gracchen in die Verbannung gehen.

Ostia Hafenstadt an der Mündung des Tiber.

M. Pacuvius 220 bis ca. 130, Schwestersohn und Schüler des Ennius, Verfasser von Tragödien nach griechischem Muster. Von Cicero sehr hoch als Dichter geschätzt.

Panaetius 180–110, Vorsteher der mittleren Stoa, Freund Ciceros und Laelius', leitete alle Tugend davon ab, daß der Mensch mit Vernunft begabt und daher ein gesellschaftlich angelegtes Wesen sei. Verfasser einer Schrift »Über das Geziemende«, die Cicero besonders in seiner Abhandlung »Über die Pflichten« verwendet hat.

L. Papirius Censor 443. 433. (II 60 ist statt Publius zu lesen Lucius.)

Patron Vertreter der epikureischen Schule zur Zeit Ciceros, mit dem Cicero in persönlichem Verkehr stand.

Peloponnesus die südliche Halbinsel Griechenlands. Bellum Peloponnesiacum, der Peloponnesische Krieg (431–404), den die Athener verloren, womit sie ihre Vormachtstellung einbüßten.

Penates die Schutzgottheiten des Staates und der Familie; als Schutzgottheiten der Familie (p. minores, familiares oder privati bezeichnet) wurden sie im Innern jedes Hauses verehrt.

Pericles der berühmte athenische Staatsmann, der die kulturelle und politische Machtentfaltung Athens in der zweiten Hälfte des 5. Jh.s heraufführte (perikleisches Zeitalter). (Gest. 429 im Peloponnesischen Krieg an der Pest.

Persius Zeitgenosse des Dichters Lucilius (s. d.); von Cicero als besonders gebildeter Mann geschätzt.

Phalaris Tyrann in Agrigent (um 550); wegen seiner Grausamkeit berüchtigt. Galt im Altertum als das Muster eines blutdürstigen Tyrannen.

Phalereus s. Demetrius.

Phidias berühmter Bildhauer der perikleischen Zeit. Ausschmückung des Parthenon (447–438); Goldelfenbeinbild der Athena Parthenos. Zeusbild von Olympia.

Philippus König von Makedonien (359–336), Vater Alexanders des Großen. Gegen die Hegemoniebestrebungen Philipps führte Demosthenes seinen erbitterten Kampf.

Philolaus pythagoreischer Philosoph aus Kroton (Unteritalien), Zeitgenosse des Sokrates; lebte in Athen und in Tarent.

Phliuntii Einwohner von Phlius (Stadt im nördl. Peloponnes).

P. Pinarius Censor 433.

Piraeus Hafenstadt von Athen.

Pisistratus Tyrann von Athen. Die Gemeinde bewilligte ihm zum Schutz vor seinen Gegnern eine Leibwache, mit deren Hilfe er sich 561/60 zum Tyrannen aufwarf. Als solcher führte er ein humanes Regiment, voll Verständnis für geistige Interessen.

Platon lebte 427–347. Schüler des Sokrates, der berühmteste Philosoph des Altertums. Es ist Ciceros Verdienst, wesentliche Teile der platonischen Philosophie in lateinischer Sprache übermittelt zu haben.

T. Maccius Plautus ca. 254–184, aus Sarsina in Umbrien, Komödiendichter. Unter seinem Namen liefen später 130 Komödien, von denen 21 im Altertum als unzweifelhaft echt anerkannt waren und erhalten sind. Er bildete griechische Stücke frei nach. Vorbild bis in die jüngste Zeit (Shakespeare, Molière, Lessing u. a.).

Polybius um 200 in Megalopolis (Arkadien) geboren; kam nach der Schlacht von Pydna (168) mit tausend achäischen Geiseln nach Rom, wo er der Lehrer und Freund des jüngeren Scipio und ein Bewunderer römischer Lebensart wurde. Von seinem großen Geschichtswerk, einer Universalgeschichte in synchronistischer Form, sind wesentliche Teile erhalten, wobei das 4. Buch speziell römische Einrichtungen behandelte. Er beabsichtigt politische Belehrung, indem er die Gründe darlegt, auf denen die Größe der römischen Machtentwicklung beruht.

Q. Pompeius Konsul 141. Er schloß 140 im Numantinischen Krieg mit den Numantinern einen schimpflichen Vertrag ab, aber ohne vorherige Befragung des Senats, weshalb ihn der Senat nicht anerkannte. Zur Rechenschaft gezogen, stellte Pompeius das Bestehen dieses Vertrages in Abrede, wodurch er sich der Verantwortung entzog.

P. Popilius Laenas Konsul 132. Gegner der Gracchischen Reformpläne.

Pompilius s. Numa.

M. Porcius Cato aus Tusculum (234–149). Er war 195 Konsul, 184 Censor (wegen seiner Strenge erhielt er den Beinamen Censorius), Muster der altrömischen virtus, bedeutend als Redner wie als vielseitiger Schriftsteller. Mit seinen »origines«, einer Geschichte Roms von den Ursprüngen bis auf seine Zeit, schuf er das erste Geschichtswerk in lateinischer Sprache. Die älteste erhaltene lateinische Prosaschrift ist sein Haus- und Wirtschaftsbuch »De agricultura«. Von Cicero war Cato besonders hoch geschätzt, was

183

Cicero in seiner Schrift »Cato maior de senectute« zum Ausdruck brachte.

Potitus s. Valerius.

Proculus s. Iulius.

Pyrrhus König der Molosser in Epirus. 282–272 Krieg Roms mit der Griechenstadt Tarent, die den König Pyrrhus zu Hilfe rief. 272 wurde Pyrrhus bei Beneventum entscheidend geschlagen.

Pythagoras aus Samos (580–500), Schüler des Thales (s. d.), kam 540 nach Kroton in Unteritalien. Hier vereinigte er seine Schüler zu einem religiös-politischen Bunde, dessen Zweck war, die Mitglieder sittlich zu bessern. Dem Bunde eigentümlich war eine strenge Prüfung vor der Aufnahme, Anerkennung der Autorität des Gründers, tägliche Gewissenserforschung, Treue gegenüber den Bundesmitgliedern, einfache Lebensführung. Auf P. geht der bekannte mathematische Lehrsatz und die Lehre von dem Weltenbau, die sog. Harmonie der Sphären, zurück (die Erde steht im Mittelpunkt der Welt, um sie bewegen sich verschiedene Kugelschalen [Sphären], in denen die Gestirne untergebracht sind. Es entstehen nun verschiedene Tonschwingungen, weil sich diese Sphären in verschiedener Richtung und mit verschiedener Stärke bewegen). Einen besonderen Zweig der Pythagoreischen Philosophie bildet die Lehre von der Seelenwanderung.

L. Quinctius Cincinnatus angeblich vom Pflug weg nach Rom geholt und dort zum Diktator ernannt. Vorbild maßvoller Einsicht, einfacher Lebensführung und vaterländischer Pflichterfüllung.

Quirinalis mons nördlichster der sieben Hügel Roms.

Quirinus ursprünglich wohl Beiname des Gottes Mars, dann Name des unter die Götter versetzten Romulus.

Remus Bruder des Romulus, von dem er nach der Sage im Streit erschlagen wurde (was von Cicero unerwähnt bleibt).

Rhamnes s. Luceres.

Rhodus Insel und Stadt an der Küste von Kleinasien; spielte als reiche Handelsstadt wie als geistiger Mittelpunkt der griechisch-hellenistischen Welt (Rednerschule) eine bedeutende Rolle.

Roscius comoedus bekannter Schauspieler zur Zeit Ciceros. Cicero verteidigte ihn in einer Privatklage (pro Roscio comoedo).

P. Rutilius Rufus s. Einleitung S. 12.

Rutuli Völkerschaft in Latium mit der Hauptstadt Ardea.

Sabini altitalische Völkerschaft, Grenznachbarn der Latiner (Sage vom Raub der Sabinerinnen).

Salii Priesterschaft von 24 patricischen Mitgliedern. Als Priester des Mars holten sie in kriegerischem Aufzug am 1. März und an den folgenden Tagen die dem Mars heiligen Wagen aus dem sacrarium des Mars und hielten durch die Stadt ihre Umzüge, um an bestimmten Stellen Waffentänze aufzuführen, wobei sie das uralte, in späterer Zeit nicht mehr verstandene Salierlied (Horaz: carmen Saliare) sangen.

Samnites – Samnium nördlich von Kampanien, Bergland bis zum Adriatischen Meer reichend, zum oskischen Sprachstamm gehörig. In drei Kriegen kämpften die Römer mit ihnen, bis sie 290 endgültig unterworfen waren.

Sardanapallus letzter König von Assyrien, Verkörperung roher, sinnlicher Leidenschaft.

Ti. Sempronius Gracchus Konsul 177. 163. Censor 169. Vater der beiden Gracchen (Volkstribunen 133 und 123), deren Reformversuche das Zeitalter der sozialen Revolution einleiteten. S. Stammbaum S. 169.

Ti. Sempronius Gracchus Volkstribun 133. Versuch, das Licinische Ackergesetz (Beschränkung des Besitzes an Staatsländereien) durchzusetzen. Bei dem Versuch, das Volkstribunat auch für das Jahr 132 sich zu verschaffen, fand er bei einem Tumult den Tod, wie sein jüngerer Bruder Gaius Sempronius Gracchus im Jahr 121. S. Stammbaum S. 169.

C. Servilius Ahala Reiteroberst des Diktators L. Quinctius Cincinnatus 439. Er tötete den Sp. Maelius, der während einer Hungersnot Getreide an das Volk verteilt und sich dadurch den Verdacht, nach der Königskrone zu trachten, zugezogen hatte.

Servius Tullius der sechste römische König.

L. Sestius römischer Adliger; vgl. zu II, 36 (61) Livius III 33.

Simonides griechischer Dichter von Epigrammen, Elegien und Hymnen, stammt aus Keos. Lebte zuletzt bei Hieron von Syrakus. Gilt auch als Erfinder der Gedächtniskunst (556–468).

Smyrna Handelsstadt Ioniens an der Mündung des Hermos, in die sich Rutilius Rufus nach seiner Verbannung zurückgezogen hatte. S. Einleitung S. 12.

Solon 594/93 zum Archon in Athen gewählt. Er gab dem Staat eine neue Verfassung (Aufhebung der Schuldknechtschaft, Ausdehnung der politischen Rechte und Pflichten auf alle ohne Unterschied, Schaffung der Geschworenengerichte, Begründung des Rats der Vierhundert). Zugleich Dichter von Elegien.

Stesichorus (falls die Ergänzung II 19 richtig ist) um 570, aus Himera in Sizilien, der älteste sizilische Dichter. Er führte zuerst

185

die regelmäßige Dreiteilung der Chöre durch. Die Stoffe für seine meist für Heroenfeiern bestimmten Chorlieder entnahm er der Götter- und Heldensage, besonders Homer, und wurde so der Begründer der epischen Lyrik.

Suessa Pometia alte Stadt der Volsker in Latium.

Servius Sulpicius Galba Konsul 144. Er wird als der erste Redner bezeichnet, der den hellenistischen Modestil zur Anwendung brachte.

Sybaris Stadt in Unteritalien, griechische Kolonie (709 gegründet). 510 von dem nahe gelegenen Kroton zerstört, mit dem es zusammen als Beispiel einer übertrieben üppigen Lebenshaltung galt.

C. Sulpicius Gallus war in der Lage, auf Grund seiner astronomischen Kenntnisse eine Mondfinsternis vorauszusagen. Konsul 166.

Syracusae, wo Cicero, wie er selbst berichtet, das verschollene Grab des Archimedes während seiner dortigen Amtszeit als Quästor wiederfand.

Syria wurde 64 römische Provinz, zusammen mit Iudaea, durch Pompeius.

Sp. Tarpeius Montanus Capitolinus Konsul 454.

L. Tarquinius Collatinus zusammen mit Iunius Brutus nach dem Sturz des Königtums 509 der erste Konsul der Republik.

L. Tarquinius Priscus der fünfte römische König; er bezeichnet einen Wendepunkt in der römischen Geschichte, insofern als er aus Etrurien stammte.

L. Tarquinius Superbus der siebte und letzte König der Römer. Vertrieben 510.

Sextus Tarquinius der Sohn des Tarquinius Superbus. Infolge der Schandtat, die er an der Lucretia (s. d.), der Gemahlin seines Vetters Collatinus, verübte, wird ein Aufstand gegen Tarquinius Sup. durch seine eigenen Verwandten, vor allem durch Iunius Brutus, erregt und die Tyrannenfamilie vertrieben.

Titus Tatius Nach der Verschmelzung der latinischen Gründung des Romulus auf dem Palatin mit der sabinischen auf dem Quirinal teilte sich nach der Sage Romulus mit dem Sabinerkönig Titus Tatius in die Herrschaft, wurde aber nach dessen Tod wieder Alleinherrscher.

Tauri skythisches Volk auf der Halbinsel Krim. Sie brachten der Göttin Diana Menschenopfer dar.

Thales aus Milet (um 600) ionischer Naturphilosoph, beschäftigte sich auch mit Geometrie und Astronomie (Berechnung der Höhe der Pyramiden aus ihrem Schatten; Voraussage der Sonnenfinsternis des Jahres 585). Er nimmt das Wasser als den Urstoff an.

Thebani bei denen die Knabenliebe gestattet war, was sich insbesondere in der sog. ›Heiligen Schar‹ ausprägte.

Themistocles der Sieger von Salamis (480) und Begründer der athenischen Seemacht. Beispiel für die Undankbarkeit der Bürgerschaft, die ihn verbannte, wonach er bei dem Perserkönig ein Asyl fand und hoch geehrt wurde (mit einigen persischen Städten beliehen).

Theopompus spartanischer König im 8.//. Jh. Ihm wird die Einrichtung der fünf Ephoren zugeschrieben.

Theseus mythischer König von Athen, Sohn des Aegeus, tötet mit Hilfe der Ariadne, der Tochter des Königs Minos von Kreta, den Minotaurus und befreit so Athen von den Tributlasten der Menschenopfer.

Timaeus aus Tauromenium in Sizilien (etwa 346–250), schrieb eine rhetorisch aufgemachte, kritiklose (Wundererscheinungen u. a.) Geschichte Siziliens in 38 Büchern, bis auf die Zeit des Königs Pyrrhus reichend. Er wandte als erster durchgehend die Zeitbestimmung nach Olympiaden an. Sein Fortsetzer ist Polybius (s. d.).

Timaeus Locrus pythagoreischer Philosoph. Zeitgenosse von Platon (Dialog Timaeus).

Titienses einer der drei ursprünglichen Tribus in Rom (s. Luceres und Rhamnes).

Tullus Hostilius dritter römischer König. Verteidigt insbesondere die junge Gründung Rom gegen die Nachbarstädte, so gegen das etruskische Veji und gegen die latinische Hauptstadt Alba Longa. Rom wird das Haupt des Latinischen Städtebundes.

Tusculum alte Stadt in Latium. Geburtsort des Cato. Tusculanum hieß eines der Landgüter Ciceros bei Tusculum.

L. Valerius Potitus Konsul 449.

P. Valerius Poblicola nach dem Sturz der Königsherrschaft wiederholt Konsul, zuletzt 504.

Velia Ausläufer des Palatinischen Hügels und Tribusbezirk.

D. Verginius Volkstribun 449. Er erstach seine Tochter Verginia, um sie nicht in die Hände des Appius Claudius fallen zu lassen.

Voconia lex 258 gegen den Luxus der Frauen erlassen (Angehörigen der ersten Censusklasse wurde es verboten, Frauen als Erbinnen einzusetzen).

Volsca gens Volk am unteren Liris in Latium, das als besonders tapfer galt. Überlieferung von Coriolanus, der dorthin floh, um von dort aus gegen seine Vaterstadt als Feldherr ein Heer zu führen; gab sodann auf Bitten seiner Mutter die Belagerung auf und zog ab.

Xenocrates Schüler Platons, aus Chalkedon, leitete die Akademie 339–315. Er hat zuerst die Dreiteilung der Philosophie in Dialektik, Physik und Ethik vorgenommen und hat die platonische Ideenlehre mit der pythagoreischen Zahlenlehre verquickt.

Xerxes Sohn des persischen Königs Dareios, regierte von 485 bis 465. Zug gegen Griechenland 480. In der Schlacht von Salamis und anschließend bei Plataeae besiegt.

Zenon Stoicus Stifter der stoischen Schule, stammt aus Kittion auf Cypern (um 336–265).

Zethus Bruder des Amphion, Sohn des Iuppiter und der Antiope; Figur der von dem römischen Dichter Pacuvius (s. d.) bearbeiteten Tragödie des Euripides »Antiope«, in der er Amphion (Erbauer der Burg von Theben, deren Quadern sich nach den Tönen seiner Lyra zusammengefügt haben sollen) auffordert, das Lyraspiel aufzugeben und sich einer nützlicheren Beschäftigung zuzuwenden.

Inhalt

Einleitung	5
Die Gesprächsteilnehmer	11
Abkürzungen	13
Erstes Buch	15
Zweites Buch	61
Drittes Buch	94
Viertes Buch	122
Fünftes Buch	129
Sechstes Buch	134
Der Traum Scipios	139
Anmerkungen	149
Zeittafel	167
Stammtafel der Scipionen und der Gracchen	169
Verzeichnis der Eigennamen	171

Römische Literatur

IN RECLAMS UNIVERSAL-BIBLIOTHEK

Augustin, *Bekenntnisse*. Eingeleitet und übersetzt von W. Thimme. 2791-94/94a/b

Boethius, *Trost der Philosophie*. Übersetzt und herausgegeben von K. Büchner. Einführung F. Klingner. 3154/55

Caesar, *Der Bürgerkrieg*. Übersetzung, Anmerkungen und Nachwort M. Deißmann-Merten. 1090-92 – *Der Gallische Krieg*. Nachwort K. Büchner. 1012-15

Catull, *Gedichte*. Einleitung und Übersetzung R. Helm. 6638/38a

Cicero, *Cato der Ältere über das Greisenalter*. Hrsg. von E. v. Reusner. 803 – *Drei Reden vor Caesar. Für Marcellus. Für Ligarius. Für den König Deiotarus*. Übersetzung, Anmerkungen und Nachwort M. Giebel. 7907 – *Fragmente über die Rechtlichkeit (De legibus)*. Übersetzung, Anmerkungen und Nachwort K. Büchner. 8319/20 – *Laelius (Über die Freundschaft)*. Übersetzung, Anmerkungen und Nachwort R. Feger. 868 – *Rede für T. Annius Milo*. Lateinisch und deutsch. Übersetzt und herausgegeben von M. Giebel. 1170/71 – *Rede über den Oberbefehl des Cn. Pompeius. Rede für Archias*. Übersetzung, Anmerkungen und Nachwort O. Schönberger. 8554 – *Über den Staat*. Eingeleitet und übersetzt von W. Sontheimer. 7479/80 – *Vier Reden gegen Catilina*. Übersetzt und herausgegeben von D. Klose. Nachwort K. Büchner. 1236 – *Vier Reden gegen Catilina*. Lateinisch und deutsch. Übersetzt und herausgegeben von D. Klose. Mit einem Nachwort von K. Büchner. 9399/9400

Horaz, *Ars poetica / Die Dichtkunst*. Lateinisch und deutsch. Übersetzt und mit einem Nachwort herausgegeben von E. Schäfer. 9421 – *Gedichte und Lieder*. Auswahl und Übersetzung W. Plankl. 7708 – *Sermones / Satiren*. Lateinisch und deutsch. Übertragen und herausgegeben von K. Büchner. 431-33

Juvenal, *Satiren*. Einführung, Übersetzung und Anhang H. C. Schnur. 8598-8600

Livius, *Römische Geschichte. Der Zweite Punische Krieg*. Übersetzung W. Sontheimer. I. Teil. 21.–22. Buch. 2109/10 – II. Teil. 23.–25. Buch. 2111/12 – III. Teil. 26.–30. Buch. 2113-15

Lukrez, *De rerum natura / Die Welt aus Atomen*. Lateinisch und deutsch. Übersetzt und mit einem Nachwort herausgegeben von K. Büchner. 4257-59/59a-e

Marc Aurel, *Selbstbetrachtungen*. Übersetzung, Einleitung und Anmerkungen A. Wittstock. 1241/42

Martial, *Epigramme*. Ausgewählt, übersetzt und erläutert von H. C. Schnur. 1611/12

Ovid, *Metamorphosen*. Epos in 15 Büchern. Übersetzt und herausgegeben von H. Breitenbach. Einleitung L. P. Wilkinson. 356/57/57a-g – *Verwandlungen*. Auswahl. Bearbeitung und Nachwort W. Plankl und K. Vretska. 7711

Petron, *Satyricon*. Übersetzt und erläutert von H. C. Schnur. 8533-35

Plautus, *Captivi (Die Kriegsgefangenen)*. Übersetzung und Nachwort A. Thierfelder. 7059 – *Curculio*. Nachwort und Anmerkungen A. Thierfelder. 8929 – *Epidikus (Jedesmal die Falsche)*. Übersetzung, Nachwort und Anmerkungen A. Thierfelder. 8583 – *Miles Gloriosus*. Übersetzung, Nachwort und Anmerkungen A. Thierfelder. 2520 – *Poenulus (Der Onkel aus Afrika)*. Übersetzung, Nachwort und Anmerkungen A. Thierfelder. 8779

Plinius der Jüngere, *Briefe*. Auswahl. Übersetzung und Nachwort M. Schuster. 7787

Sallust, *Bellum Iugurthinum / Der Krieg mit Jugurtha*. Lateinisch und deutsch. Herausgegeben von K. Büchner. 948/49/49a – *Die Verschwörung des Catilina*. Übersetzung, Anmerkungen und Nachwort K. Büchner. 889 – *De coniuratione Catilinae / Die Verschwörung des Catilina*. Lateinisch und deutsch. Übersetzt und herausgegeben von K. Büchner. 9428/29

Seneca, *De clementia / Über die Güte*. Lateinisch und deutsch. Herausgegeben von K. Büchner. 8385/86 – *Vom glückseligen Leben und andere Schriften*. Auswahl. Übersetzung L. Rumpel. Einführung und Anmerkungen P. Jaerisch. 7790/91

Tacitus, *Agricola*. Lateinisch und deutsch. Herausgegeben von R. Feger. 836/36a – *Annalen I–VI*. Übersetzung, Einleitung und Anmerkungen W. Sontheimer. 2457-60 – *Annalen XI–XVI*. Übersetzung und Anmerkungen W. Sontheimer. 2642-45 – *Dialog über die Redner*. Übersetzung, Anmerkungen und Nachwort H. Gugel. 3728 – *Germania*. Übersetzung, Erläuterungen und Nachwort M. Fuhrmann. 726 – *Germania*. Lateinisch und deutsch. Übersetzt, erläutert und mit einem Nachwort herausgegeben von M. Fuhrmann. 9391/92

Terenz, *Andria*. Lateinisch und deutsch. Übersetzt und herausgegeben von T. L. Wullen. 9345/46 – *Der Eunuch*. Übersetzung, Anmerkungen und Nachwort A. Thierfelder. 1868

Tibull, *Gedichte*. Übersetzt und erläutert F. W. Lenz. 1582

Vergil, *Aeneis*. Übersetzt und herausgegeben W. Plankl und K. Vretska. 221-24 – *Hirtengedichte (Eklogen)*. Übersetzt und erläutert von H. C. Schnur. 637

PHILIPP RECLAM JUN. STUTTGART